U0875056

中华先烈人物故事汇

韦拔群

军事科学院解放军党史军史研究中心

学习出版社

中华先烈人物故事汇《韦拔群》编委会

主　任：陈传刚
副主任：陈秋波　陈永红　周　鑫
编　委：郭　芳　褚　杨　王　冬
王　雷　黄学爵　刘向东

主　编：陈秋波
编　著：战琳琳　贾　博

目　录

Contents

引　子

90 多年前，一个传奇英雄的名字在中国南疆大地广为传颂，他就是中国新民主主义革命时期著名的农民运动领袖——韦拔群，当地民众都亲切地称呼他为“拔哥”。韦拔群，学名秉乾，后名萃，字拔群，壮族。1894 年 2 月 6 日出生，广西省东兰县（今广西壮族自治区东兰县）人。1926 年冬，加入中国共产党。1932 年 10 月 19 日，在广西省东兰县西山香刷洞（该洞今属巴马瑶族自治县西山乡）被叛徒暗害牺牲。

韦拔群出生在比较富裕的农民家庭。8 岁时进入本村的私塾读书。14 岁，以优异成绩考入东兰高等小学堂。17 岁，考入广西省立庆远中学。辛亥革命后，韦拔群走上了旧民主主义革命的道路。1913 年，就读于桂林法政学堂特别科（预备科），因不满学校的种种陋习，一年后退学。之后，到广东及长江中下游各省游历。1915年返回东兰。1916年年初，赴贵州参加“护国军”，投身于反对北洋军阀袁世凯的武装斗争。后进入贵州讲武堂学习，毕业后到黔军任参谋。

在五四运动影响下，1920年，韦拔群离开黔军到广州加入“改造广西同志会”，担任该会政治组副组长，并积极投身讨伐旧桂系军阀陆荣廷的革命活动。1921年9月，韦拔群返回家乡东兰从事农民运动，先后组织建立“改造东兰同志会”（后称东兰公民会）和“国民自卫军”（后称农民自卫军）。1923年夏秋，韦拔群指挥农民自卫军三打东兰县城，揭开了右江农民武装斗争的序幕。

1925年年初，韦拔群进入广州农民运动讲习所学习，接受马列主义的教育和中国共产党的领导，逐步从一个激进的民主主义者转变成为一个坚强的共产主义战士。同年5月，回东兰继续从事农民运动，在北帝岩（后改称列宁岩）创办第一届广西农民运动讲习所，传播马列主义思想，培养农民运动骨干，发展农会和农民武装，把农运工作推向右江地区。1926 年 2 月，领导成立东兰县革命委员会，任主任。

1929 年 12 月，韦拔群与邓小平、张云逸等同志一起领导百色起义，创建了红 7 军，建立右江革命根据地，任右江苏维埃政府委员、红军第 7 军第 3 纵队司令员。

1930 年 10 月，红 7 军主力奉命北上，离开右江革命根据地，部队在河池进行整编，韦拔群任第 21 师师长，负责留守右江革命根据地。他无条件地服从党组织的决定，并且将第 21 师的绝大部分兵力、武器都补充给北上的部队，仅率一个连的战士回东兰坚持根据地斗争。1931 年 8 月，任红军右江独立师师长。在极其艰难困苦的条件下，领导发动群众，扩充红军队伍，率部先后粉碎国民党军及当地反动势力的两次“围剿”，保卫和巩固了右江革命根据地。1931 年，被选为第一届中华苏维埃共和国临时中央政府中央执行委员会执行委员。

1932 年 10 月 19 日凌晨，在右江苏区第三次反“围剿”中，韦拔群带病到西山的香刷洞联络布置军事行动后，被叛徒暗害，不幸牺牲，时年 38 岁。

“快乐事业，莫如革命。”韦拔群以为中国革命事业奋斗一生、英勇献身的实际行动，诠释了自己的铮铮誓言。他是追求革命真理的坚贞战士，是早期农民运动的卓越领袖，是人民军队早期的杰出将领，是中国共产党的模范党员，是壮族儿女的杰出代表。他在短暂的革命生涯中，为中国人民的解放事业建立了不朽功勋，为我党我军的历史写下了光辉篇章。他身上那种“对党忠诚、一心为民，追求真理、百折不挠，顾全大局、无私奉献”的革命精神，是我们党和国家的宝贵财富，是激励我们为实现中华民族伟大复兴而努力奋斗的强大精神动力！

01 壮乡有志之子

出生富裕家庭

位于广西壮族自治区西北部、红河西岸的东兰县，是个壮、汉、瑶等多民族融合的居住地。这里历史悠久、资源丰富、气候宜人，素有长寿之乡、将军之乡、铜鼓之乡、板栗之乡的美称。2010 年，时任国务院总理温家宝视察东兰县时赠言："山青水秀生态美，人杰地灵气象新。"明朝正德年间，这里就出现过伟大的民族英雄、抗倭名将韦虎臣。近代以来，这里的英雄豪杰更是层出不穷。壮族优秀儿女、卓越的农民运动领导人、中国工农红军高级将领韦拔群就是其中之一。1894 年 2 月 6 日（清光绪二十年甲午正月初一），韦拔群出生在东兰县武篆镇中和乡勉俄村东里屯一个比较富裕的家庭里。父亲韦尔章是清朝例监武生，虽一生郁郁而不得志，但在祖父韦天宝的辅助和共同经营下，家里置田买地，建房添畜，日子过得很红火。韦拔群出生时正逢甲午年正月初一，对于韦家来说辞旧迎新又添丁，还是家里的长子，所以上上下下都极为高兴，认为这是吉祥福禄的象征。拔群出生时重达 9 斤，哭声洪亮，一双大眼睛明亮有神，透着灵气。前来贺喜的乡里乡亲见后纷纷议论说："这孩子脸方俊貌，面善祥和，两眼放光，日后必定出人头地，名扬壮乡。"祖父韦天宝心里早就乐开了花，他和儿子韦尔章商量决定操办一场热热闹闹的"三朝礼"。这是壮家的传统习俗，也就是在婴儿出生的 3 天后举行庆贺酒席，因此也被称作"三朝酒"。大年初四，韦家张灯结彩，杀鸡宰羊，父亲拿出家里最好的酒来盛情款待各方亲朋好友。酒过三巡，族里的长辈们纷纷提议一定要给孩子取个响亮的名字，今后可为韦氏家族光宗耀祖。父亲韦尔章心里早有盘算，听长辈们一说，立马说出了自己的想法："依儿出生在大年初一，乃寓意吉祥，而按照韦氏族谱皆属‘秉’字辈，我想就取乳名‘秉吉’如何？”众人听罢，连连说好。

韦拔群出生的年代，正值中国2000多年的封建王朝走向全面崩溃，帝国主义加紧侵略和掠夺，社会危机、民族危机日益深重之时。中国人民在帝国主义、封建主义、官僚资本主义三座大山的压迫下，生活异常艰辛。地处万山丛中的东兰县武篆镇，交通不便，“山高皇帝远”，地主官僚、土豪劣绅横行乡里，黎民百姓当牛做马、卖儿卖女、终日衣食不饱。即便如此，逢年过节还要给豪绅老爷进贡佳品，劳苦大众生活在水深火热之中，度日如年，怨声载道。当地流传着一句歌谣：“自古未闻粪有税，如今只有屁无捐。”

韦拔群生活在比较富裕的家庭，虽然感受不到穷人家的那种艰难和困苦，但他家周围住的多是贫苦农户，从小就喜欢与村里贫苦家庭的小伙伴玩耍，有时跟他们一起下地挖野菜、下河捉鱼虾、上树掏鸟蛋。他耳闻目睹了贫苦农民的悲惨生活，有的农民交不起各种巧立名目的杂税，县衙门就派人抓他们坐牢、受刑罚，或者在县衙门口的铁笼里罚站示众；官府还经常逼迫农民出粮出钱，抓农民做劳役当挑夫，不顾穷人的死活，任意打骂、虐待，逼得穷人苦不堪言。看到这些，小小年纪的韦拔群总是表现出极大同情，更对那些贫富不均和社会不平等的现象极为不满。

哪里有压迫，哪里就有反抗。右江及东兰山区虽然偏僻、贫困，但却是一个富有光荣革命传统的地方。历史上曾多次发生反抗封建统治的群众斗争。特别是 1851 年在广西桂平金田爆发的太平天国运动，曾得到了右江人民的积极响应。太平军占领右江、凤山等地区长达 3 年之久，民众踊跃参军参战，使太平军越战越强。太平天国英雄们的故事一直在右江、东兰一带广泛流传。韦拔群小时候最喜欢听村里的父老和家里人讲述太平天国的故事。英雄们那种锄奸济贫、为民除害的反抗精神，在他幼小的心灵里刻下了不可磨灭的印象。

武篆镇有个卖唱的穷苦老大爷，每逢圩日（集市开市的日子）就来，拨动三弦琴弹唱，韦拔群经常来听。他最爱听老大爷唱太平天国及《水浒传》里的英雄故事，那些路见不平、拔刀相助的英雄豪杰故事深深地吸引着韦拔群，他希望自己也能成为一个行侠仗义、爱打抱不平的大英雄。老人有时也把穷苦人的苦难生活，以及人民对官府的怨恨和反抗以忧伤的小调唱出来，听得众人心酸落泪。

有一次，老人唱完后，听众皆已散去，只有韦拔群久久不愿离开，他把身上所有的钱都给了这位卖唱的老人。老人感动地说道："好孩子，多谢你的可怜，好心会有好报的。来，我再给你一个人唱一首吧！"说着，老人拨动着琴弦，唱出穷人的心声：

山连山来坡连坡，人间不平虎狼多，
穷人血泪化风雨，长年流满红河水。
几时云雾能吹散，迎来天晴日不落，
几时盼得春光到，琴音由悲变欢乐。

韦拔群听着听着，幼稚的脸上挂满了泪水，他回想起穷人受欺压的悲惨情景，充满了同情，也充满了对官府和土豪劣绅的仇恨。

受到英雄人物事迹的强烈感染，少年韦拔群

向往太平天国关于“有田同耕，有饭同食，有衣同穿，有钱同使，无处不均匀，无人不饱暖”的理想社会。他既充满侠气又充满善心，时常瞒着家里人，慷慨解囊救济穷人。

东里屯是个山清水秀、风景优美的地方。村里有一处西潭，潭水四季常清，碧绿幽深，是孩子们夏天经常去游泳的好地方。韦拔群常常与屯里的穷孩子们结伴去那里玩耍。1905 年夏季的一天，韦拔群与几个小玩伴相约一起去西潭游泳。在去的路上，他见到同伴陈庆连穿的衣服破烂不堪，就寻思把自己身上的衣服脱下来与陈庆连换穿，但转念一想，如果当面换衣服可能会让陈庆连觉得羞愧，不愿接受。韦拔群边走边想，突然心里想出了一个能让他接受的好办法。

小伙伴们边走边跳，你追我赶地来到水潭边，纷纷脱下衣服跳入水中，兴高采烈地玩了起来。韦拔群玩了一会儿，趁陈庆连没注意，爬上岸穿起陈庆连的破衣服，若无其事的一个人回家了。

待陈庆连上岸后，发现自己的衣服不见了，只有韦拔群的衣服还在，想着自己也不能光着身子回家，让人笑话，只好穿上韦拔群的衣服。陈庆连回来后，连忙找到韦拔群要把衣服还给他。韦拔群说："这衣服你就穿着吧，我还有别的衣服穿呢！"这让陈庆连很是感动，连连说："你真好！我过年也没穿这么好的衣裳呢。"

第二年春，正是青黄不接的季节，许多穷人家里已开始缺粮断顿了。一天，韦拔群看见陈世松等几个平时玩得好的小伙伴，帮着家里的大人在地主家的田里收割油菜籽，他便跳到田里帮着一起干了起来。这时，一位老大爷急忙拦住说："少爷，不要你做，要是弄脏了衣服，回头老爷知道了会怪罪我们的。"

"我不是少爷，你不要这么叫我。我也是农民家的孩子，跟他们都一样的呀！"韦拔群不服气地说。

"少爷，你是有钱家的人，是不能干我们这些穷苦人干的粗活的。"

韦拔群无以应答，不顾老大爷的阻拦，照着小伙伴的样子干了起来。他一边干一边问："大爷，你们帮地主家干一天活，给多少工钱？"

老大爷无奈地摇摇头说："不给钱，只给一筒米，我们回家熬口粥喝。"

韦拔群听后心里很不是滋味，心想，干这么重的活，也只能得到一筒米，如果吃完了这顿那么下顿怎么过呀！他想起自己家里粮仓还有许多粮食，应该拿出来周济一下他们，便安慰老大爷说："我家里有粮食，一会儿跟我到家里去拿些米。"

老大爷根本不相信小孩子能把家里的粮食送给他们，听后只是摇了摇头。但看他干活的样子，真不像有钱家的少爷，心里赞叹不已。

韦拔群帮他们干完活后，就带着陈世松这几个小伙伴一起回到家里。这时家里人正好都外出了，谷仓的门也紧锁着。

这下可怎么办才好呢？韦拔群看着谷仓四面板子严严实实的，打开也不容易。于是，他跑进厨房，找来一把铁钳子和小刀，在谷仓底板一道细缝处，又是砸又是撬，不一会儿就撬开一个小洞，谷子唰唰地流了出来。他赶紧让小伙伴们拿衣服把谷子装起来，衣管、裤管都装得满满的，才把谷仓口堵上。

反封建礼教的斗士

韦拔群 8 岁时，父亲把他送到本村私塾读书，还特意为他起了学名叫秉乾。秉者，掌握之意也；乾者，乾坤之意也。韦拔群的这个名字，是他后来进入贵州讲武堂学习时改换的，意为“出乎其类，拔乎其萃”，以此表明他从此脱胎换骨，投身革命，干一番超凡拔群事业的远大志向。

私塾老师是一位清末的老秀才，教的都是四书五经之类的课文。韦拔群不喜欢这些枯燥无味的教学内容，更不喜欢老师的教授方式。上课时，私塾老师也不管学生是否听懂，教过两遍后就让学生照本宣科地去读和背。等到放学时就让学生背诵，背不上来的就得狠狠地打手掌心，有的孩子手都被打肿了。韦拔群头脑聪明，尽管不喜欢这些内容，但还是认真学习，读几遍后就能背下来，自然是很少挨打。

韦拔群认为老师用体罚办法来教学生是不对的。有一次，韦拔群看到一个经常挨打的同学又被打了，实在是忍不下去，就斗胆地对老师说：“先生，他不会背，不能全怪他，您教得也有问题。您每次教得不认真，只是带着学生读一两遍，我们并不懂文中的意思，怎么能背得会呢？再说您这样狠心打学生的手掌，也是不对的。如果我们手被打坏了，将来怎么劳动呢？”先生被说得面红耳赤，羞愧难当，但是对眼前这个功课认真的学生也不好发火。于是，为了挽回自己的面子，只是恶狠狠地说道：“岂有此理！岂有此理！”

1908 年，韦拔群以优异成绩考入东兰县的最高学府——东兰高等小学堂。当时学校已改用了新课本，增加了国文、修身、算数、历史、地理等教学内容。

韦拔群很喜欢这些课程，但仍感到不满足，课余时间还借来一些小说、期刊阅读。他对《三国演义》《水浒传》等描写英雄豪杰的名著，以及《天演论》《时务报》等新学书刊特别感兴趣。通过阅读，大大开阔了韦拔群的眼界和视野。

东兰高等小学堂尽管已改为新式学堂，但仍保留不少旧习气。老师的教学方法简单粗暴，学生一旦上课迟到或交不出作业，就得被罚站在太阳光下暴晒，有时还罚学生双膝跪在瓦片和沙砾上。有些学生因遭受多次体罚，影响到身心健康。

看到这样的情形，韦拔群主动找到校方，为同学们申辩，他说："我们同学年纪小，不懂事，有什么缺点错误，学校师长们可以正确地指出来，给他们讲道理，这样我们才能好好地改正。现在动不动就罚站、罚跪、罚晒，又不给我们讲清楚，我们怎么能认识到自身的错误，又怎么去改正呢？有的同学多次被体罚，严重影响到他们的身心健康，这样培养出来的学生，对社会有什么用呢？"

韦拔群的建议得到校方的高度重视，校方立即着手整改，转变教育方法。校长也发出布告，不准随便体罚学生，如有违者后果自负。从此，那种简单粗暴体罚学生的现象就较少发生。

1911 年，孙中山领导的辛亥革命推翻了延续 2000 多年的封建君主专制制度，给人民带来了一次思想上的大解放。韦拔群非常向往孙中山所从事的革命事业。这年，他在东兰高等小学堂尚未毕业，就决定离开这里，不久就考进了省立庆远中学就读。

来到庆远中学，韦拔群感到这里并不是他想象的那样充满革命活力，与外面的形势相比，学校仍是一派陈旧的气息，但值得欣慰的是能读到更多的课外书籍。韦拔群除了认真完成所学功课之外，就把更多的精力放在广泛阅读上，其中《革命军》《警世钟》《猛回头》等宣传资产阶级革命思想的书籍极大地吸引着他，特别是对邹容的《革命军》爱不释手。书中通俗流畅的文字，清晰的民主革命道理，反帝反封建的民主主义革命思想，以及深刻揭露帝国主义侵略给中国人民带来的沉重灾难等，仿佛是黑暗里的一盏明灯，照亮了韦拔群的心田。

当时庆远中学的校长是清末举人，总是穿着长袍马褂、拖着长长的辫子，走路迈着四方步，说话也是满口“之乎者也”，经常用封建思想来灌输学生。教师也多为一些遗老秀才。学校的一切规章制度，也完全是清朝的陈规旧俗。韦拔群很看不惯这些迂腐的教化。

一天，学监召集全校学生训话：“明天是校长的寿辰，每个学生要给他送寿礼、磕头拜寿，还要列队夹道欢呼，齐声高喊‘福如东海、寿比南山’，以表庆贺。”

听了这些话，韦拔群实在忍无可忍，气愤地说道：“现在已经是民国了，为什么还要抱着老黄历不放呢！我反对这样的做法，我不去。”

许多同样追求民主革命思想的同学听他这么一说，也纷纷表示：“就是的嘛，为什么还要磕头？我也不去。”

学监见大家闹了起来，一时慌了手脚。他瞪大眼睛对带头闹事的韦拔群大声训斥道：“你扰乱校规，目无尊长，快给我跪下！”

韦拔群对他不屑一顾，哈哈大笑地说：“我凭什么要给你跪下？我犯了哪条校规？就是犯了校规，也不兴下跪了吧。”

学监见状，气得七窍生烟，命令校警把韦拔群抓起来，但许多赞同和支持韦拔群的同学一起围了过来，保护着韦拔群。校警见状也不敢上前来抓人。

恰巧校长坐着轿子路过这里，学监赶紧跑上前给校长行礼，并将韦拔群闹事的情况向他汇报。正说着，韦拔群走上前去，先向校长深深地鞠了一躬，然后说道：“校长好！听说您明日寿辰，学生理应祝贺，但现在已经是民国了，怎么还要让学生出钱送礼、下跪祝寿呢？”

在韦拔群的带动下，一些同学也气愤地附和道：“我们连吃饭的钱都没有，哪有钱送礼，跪下祝寿这一套早该废除了吧！”

这种突如其来的状况，让校长十分难堪。好在校警及时解围，校长才坐着轿子灰溜溜地离开了。

校长回到校长室，非常生气，叫来学监当面狠狠地训斥了他一顿，问清原委后，不再说什么了。学监立刻添油加醋地说道：“此学生平日不好好学习，多次带头聚众闹事，屡犯校规，再这样下去，学校校规将不会有人遵守，学校秩序将混乱不堪……”他看了看校长的脸色，继续说道：“对这样的学生，理应立即开除。”校长也无计可施，只好顺水推舟，同意了这个办法。

第二天，学校贴出布告宣称：韦拔群侮辱师长，不遵校规，即日起开除学籍。

韦拔群看到布告，一点儿也不后悔，马上回到宿舍打点行李，告别前来送行的同学，昂首阔步离开学校。

韦拔群离开庆远中学后，没有回家乡，而是直接去了桂林。1913 年，韦拔群经一位亲戚介绍，进入了桂林法政学堂特别科（预备科）学习。

学校名为法政学堂，其实就是培养官僚的地方。学堂校长的架子很大，每天要乘坐大轿抬进抬出，一身官僚做派。老师们照旧是那些清末举人、秀才，所教内容仍为那一套“劳心者治人，劳力者治于人”的陈词滥调，以及如何升官发财、荣华富贵之道。当时，从这个学校毕业的学生，大多能进入政界工作。所以，韦拔群的家里很看重这次难得的求学机会，希望他安心学习，毕业后能做个官儿光宗耀祖。但韦拔群却不以为然，他并不想做官，就是想学知识，造福社会。

韦拔群进入学堂不久，就感觉到这所学校与

庆远中学没什么两样，学校弥漫着陈腐空气让人十分反感，身边的同学也大多是些一门心思钻营利禄的纨绔子弟。面对学校腐朽风气和社会种种不公，韦拔群叛逆封建家庭、封建社会制度的战斗激情越来越炽热地燃烧起来，他以“愤不平”为笔名，用犀利的笔锋写了许多文章，来声讨学校当局的恶行。

更让他不习惯的是学校要求学生一律头戴四方顶的法官帽，穿长袍马褂，而韦拔群经常把四方帽上的布顶卸去，只戴帽框，把长袍脱去，只穿马褂，或者干脆就穿自己带来的便衣，头戴便帽，以示抗议。

不久，迂腐官僚的老校长被提拔为省教育司副司长。临走时，新上任的校长请他给学生们作告别“训示”。台上的老校长口若悬河，讲得特别起劲，台下韦拔群早已听得不耐烦了，于是抬起双手，用手指堵住两只耳朵。这一动作正好被老校长看见了，他早就对这个经常穿“奇装异服”的学生看不惯，此时见他这样对自己“大不敬”，极为愤怒，指名道姓就大声批评道：“韦拔群，你这怪模怪样的，成何体统，将来怎么能做得好官？！”

韦拔群被当众点名，顿时感到被羞辱一般，他借机反问道：“校长先生，我想请问您一下，自孙中山先生建立民国以来，学校所教所学，原应该以民用为本。但是，现在学校教些什么呢？专讲为官之道，不讲新政良策；专走腐败守旧老路，不考虑国家大计，这难道是目前所需要的吗？”

校长无言以对，反问一句：“这么说来，你是不想做官啰？”

韦拔群理直气壮地说：“我本不是为当官发财而来，是来求学问求真理的，将来好为国为民多做点有益的事情！”

老校长被惹怒了，他高声训斥道：“自古学而优则仕，你不想当官还来学什么，赶紧离开！”

韦拔群泰然自若地说：“校长先生，说实话，您这个法政学堂我早就不想待了，早就想离开！”说罢，他转身离开了会场。

02 求索革命道路

游历读“无字”书

1914年，韦拔群离开法政学堂回到了家乡。父亲因病早逝，家里全由祖父掌管。年迈的祖父得知韦拔群是因“不尊师道”被法政学堂开除了，十分气愤，劈头盖脸就是一顿责骂，觉得他失去了一次做官的机会，耽误了今后的“前途”，要求他改邪归正，继续到其他学校去读书，以便将来混个官做，锦衣玉食，光宗耀祖。

韦拔群认为如今的学校都是相差无几，不想再读书了。祖父又语重心长地劝他说：“那就留在家里安心管理家业吧，每年靠收租放贷发展起来的这大家业，我管理起来已力不从心了。”

韦拔群从小就对家里收租放贷十分反感，更不愿留在家里打理家业。母亲为了让韦拔群的心安定下来，便想着给他张罗成家的事。经过打听，得知本村有个姑娘叫黄凤桃，为人朴实、勤劳善良。母亲便让人去说媒，黄凤桃家里得知韦家来提亲，高兴得不得了，满口答应。黄凤桃也是对拔哥仰慕已久，心里很是欢喜。结婚成家不久，述祖、述宗两个儿子相继出生。

尽管韦拔群已娶妻生子，但他还是一心想走出大山去见世面。他觉得东兰山区太闭塞，自己从小就在这里生活，对外面的世界知之甚少。于是决定到全国的几个大城市去走走，开阔一下眼界，长长见识，到“社会大学”去寻求救国救民的真理，追随孙中山的革命事业。

韦拔群把自己的想法跟祖父说了，并提出希望家里给些路费。祖父一听，气得七窍生烟，认为韦拔群厌官弃学，离经叛道，是个“败家子”，无法挽救。眼下家里没有那么多的钱，不同意他去，也不给他盘缠。

无奈之下，韦拔群只好去求母亲说情。一天，韦拔群对母亲说："妈妈，我觉得读书不是出路，我要走出去，去读社会上的'无字书'。如今社会太不公平，当官的只知道欺压百姓，搜刮民膏，而不顾人民的死活。有多少穷人吃不上饭穿不上衣，看我们村里就有那么多的穷人，有的农户穷得卖儿卖女。再看我们家有那么多田地，每年收那么多租子，吃不完用不完。我不愿过这种靠剥削得来的无忧无虑的生活。"

母亲早年丧夫，把家族全部的希望都寄托在儿子身上了，希望他能为韦家光宗耀祖。她也知道儿子从小就是一个有正义感的孩子，经常帮助那些穷人，遇事爱打抱不平，现在让他一个人出去闯荡怎么能放心呢！于是赶紧就劝说道："拔群，妈知道你是个想做大事的人，如今外面世道很混乱，你出去妈不放心，能不能不离开家啊！"

韦拔群说："妈妈，树上的鸟儿翅膀硬了就要飞，它们的妈妈能叫自己的孩子总是待在窝里吗？如今世道混乱，说明这个世道不公平，需要有人去救治。孙中山先生领导的辛亥革命，推翻了几千年封建王朝，主张建立一个民主共和的国家，儿子也想去出份力呀！这才是正事，您说是吗？妈妈！”

韦拔群见母亲没有说话，就继续说道：“儿子出去，多见识一下外面的世界，也是为了今后做更大的事，也是光宗耀祖嘛。眼下，我最需要的是一些盘缠，请家里支持一下。妈妈，求您去和祖父商量一下，变卖点田地吧。再说，家里也用不着留那么多的田，不要收那么多的租子了，应该多帮助那些穷苦人。”

知子莫若母，最明事理的母亲没有再强求儿子，只好同意了他的决定。随后还一再劝说韦拔群的祖父，征得同意后，便张罗着变卖一部分田地为儿子筹足路费。

游子离乡牵挂慈母的心！离别的那天早晨，西天高挂着下弦月，星星还在眨眼，母亲和蓝奶妈以及家中的亲人送了韦拔群一程又一程，一行人把韦拔群送到了一座大岭上才分开。

蓝奶妈可以说是韦拔群的第二个母亲。她是个既慈祥又倔强的瑶族妇女。自己丈夫死在地主豪绅的长工屋里，给她留下了一个遗腹子，孩子生下10 多天就得病死了。那时正巧小拔群刚出生没有

奶水吃。韦拔群家就叫蓝氏过来当韦拔群的奶妈。蓝奶妈用自己的乳汁把小拔群喂养大了，韦拔群视蓝奶妈为自己的亲生母亲。

离开家乡，韦拔群先后游历了当时经济最发达和繁荣的广州、上海、武汉、长沙等地，看到的除了高楼大厦、川流不息的汽车、人力车和各种各样的人以外，令他惊讶的是大小店铺充斥着从未见过的洋纸、洋鞋、洋布、洋油、洋酒等洋货，街上那些如狼似虎的“洋大人”开着洋车肆无忌惮地横冲直撞，长江上行驶着挂着五颜六色外国旗帜的船只，如同在自己国家一样随意进出。而与此形成鲜明对比的另一番景象是，大街小巷随处可见面黄肌瘦、衣衫褴褛、流落街头、无家可归的穷苦人，还有那些身插草标骨瘦如柴的无辜儿童，以及站在寒风中卖儿卖女的无助老人。这一切让韦拔群感到十分的悲愤和心痛，他把这一幕幕悲惨的景象和军阀政治统治下的黑暗社会，用山歌的形式描写下来，寄给家乡的朋友：

故乡那马伯民哥，给你寄这支信歌。我走遍

了天下，看透了这世界，到处有恶人把好人生吞活剥！如今世界妖怪多，口吃人肉念弥陀。

故乡那马伯民哥，给你寄这支信歌。可恨有天无日头，冷风飕飕刮，冷雨沙沙落。我走遍了天下，看透了这世界，到处有恶人把好人生吞活剥！

在游历的过程中，韦拔群也看到了令人欢欣鼓舞的一面，孙中山所倡导的“民族、民权、民生”三民主义已成为时代的革命浪潮，正逐渐唤醒民众。

有一天，韦拔群正走在上海外国租界边的马路上，突然看到一群青年学生挥舞着“打倒丧权辱国的袁世凯”“反对签订二十一条”等标语，高喊着口号，向租界地走来。学生队伍后跟随的人群越来越多，口号声一浪高过一浪。韦拔群被这样的场景吸引，不由自主地加入学生游行队伍中，学着他们的样子举起拳头，高呼着口号向前走着。

当游行的队伍走到一座大楼前时，一位青年学生站到一高处，向着游行的队伍慷慨激昂地高喊着：“苦难的同胞们，明智的先生们，袁世凯私定卖国的二十一条，盗窃革命胜利的果实，我们坚决不答应。同胞们，我们必须团结起来，打倒卖国求荣的袁世凯……”还没等他讲演完，突然冲出一群穿制服的军警，把青年学生按倒在地绑了起来，推搡着朝前走。一路上，军警的棍子不停地重重打在青年的身上，但他毫不畏惧，还是不停地高呼着口号。游行的人群被军警的行为激怒了，围了上去大声质问着警察。韦拔群被这样的情景震惊了，也跟着高呼口号。他从未见过这样的场面，也从未见过这样坚强的青年人，他感受到了革命者的力量，把这段时间以来胸中的积愤和不满全跟着呼喊了出来，他感到从未这么痛快过。

募兵护国讨袁

1915 年 12 月，袁世凯公然推翻民国，恢复帝制。他的倒行逆施激起了全国人民的反袁怒潮。拥护孙中山的云南督军蔡锷通电讨袁，宣布独立，成立“护国军”。随后贵州和广东等省纷纷响应，“护国军”一个接着一个相继成立，一场声势浩大的护国运动迅速展开。正在长沙的韦拔群感到风起云涌的护国运动正是实现自己报国理想的好时机，他不再游历返回家乡。

1916 年 1 月，邻省贵州的护国军正在与袁世凯的军队激烈交战。这一消息传到了东兰县，韦拔群认为讨伐袁世凯是维护三民主义、报效国家的最好方式。于是，他决定在家乡组织一支农民队伍，开赴前线，参加讨袁护国运动。

下定决心之后，韦拔群就开始不分昼夜、跋山涉水地串联和动员各方朋友，向他们讲述袁世凯称帝复辟的社会危害，以及讨袁护国运动的正义道理。经过两个多月的劳碌奔波，终于动员了 100 多名壮族有志青年，组成了一支队伍。韦拔群再次动员家里变卖了一些田产，筹集 300 两银子作路费。1916 年 3 月，韦拔群带着这支青年队伍，开赴贵州。

临行前，他给妻子黄凤桃留下一首山歌：

老父老母白头了，万事留下你照料。述祖述宗尚幼小，亲生骨肉严管教。家务农活你辛苦，溜上学堂你操劳。睡里醒来莫忘记，治家忧国两肩挑。

韦拔群带领大家一路翻山越岭，马不停蹄地赶到了位于贵州桐梓“黔北门户”松坎镇附近的黔军驻地。

当时前方战事吃紧，黔军兵力严重不足，正到处招兵买马扩大兵员。北路黔军熊克武旅长见广西有这么一支青年农民投奔他们而来，喜出望外，表示热烈的欢迎，并立即编入该部，单独成立一个连，黔军的陆永芬任连长，韦拔群被委任为该连副连长。这支队伍经过简单的训练后就投入到讨袁护国的战争中。

3 月 14 日凌晨，部队向綦江前沿阵地发起进攻。一开始，北洋军占领了有利地形，居高临下，火力集中向下射击，北路黔军处于不利态势，伤亡很大。但护国军意气风发，士气旺盛，冒着敌人的枪林弹雨，奋勇向前。在抢夺高地时，从小就习惯攀山爬树的韦拔群带领他的兄弟们悄悄从悬崖上攀藤而上，插入敌人阵地侧后，打了敌人一个措手不及。经过一个多小时激战，击退北洋军，打死打伤敌人数百人，首战告捷。3 月 18 日，又击溃敌军一个团，部队进抵距綦江县城仅 10 公里的桥坎河，北路黔军一路势如破竹，声威大震。

此时，蔡锷领导的护国军主力正在泸（州）纳（溪）一带与北洋军交战，双方一时形成重兵对峙的局面。蔡锷得知敌军有几个团的兵力正在綦江、江津集结，准备向泸州增援，他电令北路黔军火速赶到綦江、江津一线，截击增援泸州之敌。于是，韦拔群所在北路黔军连夜向綦江、江津进发，与正在集结的北洋军展开了恶战。从 3 月下旬一直打到 4 月中旬，不仅有效地阻滞了敌军的增援，还消灭敌军大部。

韦拔群所带领的广西青年农民，参军 1 个多月，与北路黔军一起连续作战，攻克了九盘子、赶水等要隘 10 余处，歼敌数千人，给敌人以沉重打击，挫败了北洋军阀围剿护国军的狂妄计划。他们凭着英勇顽强的作风和吃苦耐劳的精神，在熊克武旅部赢得了广西兵能打善战的良好声誉。

6 月 6 日，韦拔群所部正在向重庆挺进，得知做了 83 天皇帝的袁世凯暴病猝死的消息，心中大快，为自己能在护国运动中出一份力感到无比的欣慰。不久，讨袁运动宣告结束。

北路黔军奉令开赴贵阳休整，进行军事训练。离开了险恶的战场环境，旧军队的军阀作风及腐败风气又显露出原形。连长陆永芬原是旧军队里的一个小军棍，满身兵痞习气，整天骂骂咧咧，总是虐待士兵，特别是对待新兵，稍有不如意，或看不顺眼就拳打脚踢，甚至还用皮鞭把士兵打得头破血流。尤其是对韦拔群带来的广西兵，总是百般刁难。身为副连长的韦拔群很看不惯陆永芬这样带兵的做派，多次进行善意劝告，但都被陆永芬当成了耳旁风，全然置之不理。

盛夏的一天上午，韦拔群带领连队在操场上进行队列训练，士兵们头顶炎炎烈日训练了一上午。临近中午，陆永芬才来到操场，装着十分威严的样子，开始不停地下达口令："向左转，齐步走！向右转，齐步走……"累得又饥又渴的战士们大汗淋漓。

一位广西士兵由于身体不好，听错了口令，转错了方向。陆永芬见状，不由分说，上来就拳脚相加，还要拿起鞭子抽打。

韦拔群见此情形，心中很是不忍，立刻上前解释道：“这个战士生病了，本来该休息的，他是带病坚持训练。”

“这不关你的事，他错了就该受到惩罚。我早就看出来了，你总是护着广西兵，想要以下犯上……”陆永芬气势汹汹地瞪眼看着韦拔群说，接着还要挥起鞭子打士兵。韦拔群见状立即抓住他的手，并命令那个士兵先回连部。

韦拔群的举动赢得了在场士兵敬佩的目光，他们早就对陆永芬的军阀做派心怀不满，个个摩拳擦掌、义愤填膺。陆永芬环顾四周，见威风扫地，恶狠狠地说了句：“别得意，我一定要处罚你们，等着瞧吧！”说完扬长而去。

恼羞成怒的陆永芬岂能就此善罢甘休，他将此事夸大其词地报告上级。旧制军队里向来都是讲究裙带、门生和背景关系，官官相护是天经地义、司空见惯的普遍现象。韦拔群是没有任何背景的外乡人，自然就受到上级处理，从副连长降为排长。

一起投军的家乡同伴们见韦拔群受到如此不公待遇，都为他感到愤愤不平，联名向上级提出申诉和抗议。此举不仅没有减轻对韦拔群的处罚，反而导致韦拔群以“煽动军心、图谋不轨”的莫须有罪名被抓了起来，撤职押到重庆监禁起来。

韦拔群本是率队千里迢迢参军而来，如今遭人陷害，蒙冤受屈，身陷囹圄，这一切也是他始料未及的。在山城阴暗潮湿的监狱里，韦拔群心想，像这样腐败堕落的旧军队根本不能为国为民，那国家和社会的出路在哪里呢？他还十分担心跟着自己从家乡投军而来的同伴们的处境。每每想起这些，他心中久久不能平静，常常夜不能寐。

韦拔群入狱后，同伴们一直不停地为他申冤，并想方设法，前去探望。在狱中，大家见到日渐消瘦的韦拔群，眼含泪水，难过地说：“拔哥！你在这里受苦了！”

韦拔群赶紧安慰前来探望的同伴们，并关切地问：“我没事儿，不要紧的，兄弟们都还好吧，陆永芬有没有为难大家？”

“陆永芬还是老样子，没事找事，动不动就说我们是从广西来的。拔哥，咱们是真心实意来投军讨袁，怎么能让他这样随便摊派罪名呀！”

韦拔群听后激动愤恨地说：“这事儿是我对不起大伙儿了，带你们投错了队伍。这里不是久留之地，你们得想办法赶快离开，不用管我。”

“不行，拔哥，听说队伍就要开拔了，我们不能丢下你一个人在监狱里啊！”

“大家请放心，我会有办法的，你们千万不能蛮干。留得青山在，不怕没柴烧。你们一定得听我的，安全离开这个队伍。”

同伴们心里都明白，韦拔群是为大家伙儿的安危着想，但是大家怎么能丢下韦拔群不管不问呢。他们一直在外面不停地为韦拔群鸣不平。由于广大士兵强烈抗争，终于引起了一些有正义感的上层军官的关注。

1917年7月，韦拔群被诬告入狱的消息传到了东路黔军长官的耳朵里，黔军第一混成旅旅长兼湘黔联军总指挥卢焘将军，听后非常气愤。他认为韦拔群带领青年农民千里投军，忠心报国，理应嘉奖，况且他在讨袁战斗中有不俗的表现，是个难得的人才，现在却遭到不公待遇，一定要有个交代。

卢焘将军趁到重庆参加黔军高级军事会议之机，找到了自己曾经的老长官，如实反映韦拔群遭遇不公待遇的情况，并请求保释韦拔群出狱。

这样，在卢焘将军的保引下，被诬告而蹲了几个月大牢的韦拔群又重新获得自由，后来又在卢焘将军的举荐下进入贵州讲武堂深造学习。

千里投奔孙中山

韦拔群来到贵州讲武堂，这里的一切都让他特别感兴趣。他不仅喜欢紧张严格的军事生活和正规的军事训练，更是酷爱学习军事知识，因此十分珍惜这次难得的学习机会。韦拔群利用一切时间勤奋学习军事理论，刻苦练习军事技术，门门功课都优秀，特别是操练、枪械和演习都比其他学员做得出色。经过大半年的学习，韦拔群毕业后，被分配到黔军驻重庆的张毅军部当了一名参谋，随后转战在川黔各地。

韦拔群一到部队就赶上无休止的作战，今天打这个，明天又打那个，刀枪相见，互相残杀，其目的是让滇黔川军阀独霸四川，而遭殃的却是老百姓。韦拔群渐渐觉得自己的满腔热情已被无情地卷入无休止、无意义的军阀混战之中了，这岂不是沦为了他们的工具和牺牲品吗?

正当韦拔群为此感到厌倦和苦恼的时候，轰轰烈烈的反帝反封建的五四运动在北京爆发，消息传来，重庆青年学生和社会各界积极响应，纷纷走上街头游行示威，声援北京。这天，韦拔群走在大街上，看到声势浩大的游行队伍，他们举着旗帜，打着标语，高呼口号，散发传单，这阵势使他想起游历上海时的情景，他感到很激动，连忙从青年学生手中接过几张传单仔细地看了看，心不由自主地加快了跳动，浑身热血激荡，感到了新希望和一种无穷的力量。他快步走上前与领头游行的人说了几句，随后也加入了游行的队伍之中。

韦拔群回到军营里，心情久久不能平静，并把五四运动的消息告诉了几位平时要好的进步青年军官。在随后的日子里，他们不顾上司的警告和禁令，经常三人一伙、五人一群地聚在一起，秘密研读从北京、上海、武汉等地传来的《新青年》等革命刊物，参加当地革命秘密团体的集会等进步活动，不断接受进步思想和马克思主义的熏陶。

韦拔群还多次以“愤不平”的笔名，撰写抨击黑暗社会现实的革命文章，并秘密散发和张贴“拥护社会革命”“提倡改革军制”的传单和标语，揭露旧军队的反动与腐败，表明“铲除人间不平事”的志向。同时，他还把自己读过的进步刊物盖上“愤不平”的印记，寄给东兰县亲朋故友传阅，让闭塞的乡亲们也了解外面的革命形势。

韦拔群宣传革命的行动在军中产生了很大影响，他写的标语和传单被人撕了下来，送到军部的桌案上。这下可惹怒了军长，他看着标语、传单及“愤不平”的署名，不禁火暴地发出怒吼：“是谁敢起这种名字，在我的军内制造混乱！”

站在旁边的一个参谋军官毕恭毕敬地说：“现

在还没有查出来，不过据部下观察，很可能是从贵州讲武堂来的那些年轻军官干的！”

军长挺着圆滚滚的肚子，趾高气扬地质问说：“那也得有个领头的人！他是谁？给我查出来。在我的军队里，不许有什么革命，什么同盟会、激进党，一律必须禁止！”

参谋军官阿谀奉承地附和说：“是啊！现在年轻人都喜欢讲主义，讲思想，把这个当时髦！”他踌躇了一下，低声说道：“据部下观察，这事儿韦拔群嫌疑最大，此人好像在军中有些背景，但现在还没有拿到凭据。”

军长思忖一会儿，命令那位参谋：“你立即去调查清楚情况，及时向我报告。”

一天夜里，风声阵阵，细雨蒙蒙，一群青年军官齐聚在宿舍里，大家正在讨论救国之道，各抒己见，气氛热烈。有人说道：“大家先静一静，还是请‘愤不平’给我们讲一讲吧。”

大家顿时停止争论，韦拔群站起身来，有条不紊地阐明自己对于国家民族危亡、改革社会之道的理解和看法。他主张号召“敏于自觉勇于奋斗的青年”要当机立断，像“利刃断铁，快刀理麻”那样与陈腐朽败的旧世界决裂，为“庶民的胜利”，为“布尔什维克的胜利”做一点有意义的工作。青年军官们边听边赞同地点头。

屋里发生的一切，都被屋外那个鬼鬼祟祟的参谋窥听到了。他生怕被人发现，不敢久留，听到一些线索后，就立刻返回军部报告说：“军长，部下刚刚查到，那个叫‘愤不平’的就是韦拔群，他经常召集一些人秘密聚会，散布反动言论，这就是在图谋不轨啊！”

军长听后，气呼呼地说道：“想要在我手下当兵，就不准有思想，不准讲主义。你把军法处长叫来，让他把这个‘愤不平’给我揪出来！”

军法处长领受任务后，立即带着几个手下向军官宿舍赶去。当他们来到韦拔群的住所时，不见他的踪影，只见木床上留下一张字条：长官，我已经提前走了，再见！愤不平！

原来，和韦拔群要好的青年军官，早就闻风报信。韦拔群知道自己身处险境，加上朋友的敦促，便赶紧整理收拾衣物，离开了军营，结束了腐败的旧军队生活。

残酷的现实让韦拔群深刻认识到，靠这样的军队不可能为国家和民族赢得自由、平等，救国救民仍无希望。他要到上海去追寻仰慕已久的孙中山，跟着他寻求通向革命的光明之路。

韦拔群先是回到东兰老家，看望了分别已久的妻子孩子和母亲，同时筹集了一些钱，于 1920 年 9 月，乘船沿长江向东抵达上海。经多方打听，才得知孙中山已率国民党本部迁到广州。韦拔群在上海停留十来天后，又掉头南下，前往广州。

韦拔群来到广州找了许久，也未寻访到孙中山，心中不免有些惆怅，但为了心中的理想，他毫不气馁。后来听说孙中山身边的总统府秘书长马君武创立了“改造广西同志会”的组织。韦拔群对这位广西籍文人早有耳闻，知道他是中国同盟会第一批会员，曾经在北洋时期任司法部长，后因五四运动反对北洋军阀镇压人民群众而辞职。

韦拔群觉得“改造广西同志会”是反对旧军阀的革命团体，有必要加入该团体，从中学习和接触一些新知识，做些革命工作。经过广西籍同乡介绍，韦拔群终于见到马君武。几番交流之后，马君武见韦拔群是孙中山的忠实追随者，对国家前途怀有远大抱负，是一个刚正不阿、热血有为的革命青年，欣然同意他加入“改造广西同志会”。入会后的韦拔群不遗余力地参加各项革命活动，他思想活跃，组织能力很强，受到马君武等人的一致好评，不久就被推选为该会政治组副组长。

1921 年 6 月，孙中山出兵广西讨伐桂系军阀陆荣廷，陆荣廷兵败逃往越南，旧桂系宣布垮台。孙中山委任马君武为广西省省长。韦拔群跟随马君武等人一道，由广州前往南宁。

一天，马君武省长约见韦拔群，征求对他工作安排的意见。他说：“拔群老弟，你我共识半年有余，对你我还是有所了解。如今陆荣廷虽然败走越南，但仍对广西虎视眈眈，广西政局依然不稳定，还望你留在省政府工作，我们一起齐心协力担负起改造广西的重任。”

韦拔群思考了一会儿说道：“马省长，当下省政府刚刚组建，诸多事件得重新建立，任务繁重，我当然愿意跟随省长共同分担一些责任。但我毫无从政经验，怕有负省长的期望。广西是农耕之省，稳定广西农村，发动农民的积极性，对稳定广西也有不可忽视的作用。我从小生长在农村，熟悉农村，我想回到农民中去做些事情，不知可否？”

马君武一听，觉得韦拔群说得很有道理，于是说：“你的想法很好，稳定好农村就能稳定全省，既然你不愿留在省政府工作，那就任命你为南丹县县长。你对贵州熟悉，那里西北接贵州，南与你的家乡东兰毗邻，便于开展工作。”

韦拔群听后急忙解释说：“谢谢省长的厚爱，县长的职位也不要了，我还是想回东兰家乡干点实事，不为做官。”

马君武对于韦拔群辞官不就的本意也早有些察觉，因此并未强留他。事实上，韦拔群深知广西的军政大权实际上还掌握在假拥护、真反对孙中山的广东军阀陈炯明手中，他居心叵测，不仅纵兵蹂躏广西，还妄图独霸两广，取代孙中山。面对如此局势，韦拔群不愿意继续再为军阀效力，毅然踏上了回乡之路。

03

领导东兰农民运动

回乡宣传革命

1921 年 9 月，韦拔群风尘仆仆地回到阔别已久的东兰县，回到家中时才得知祖父和妻子黄凤桃因生病早已相继去世，只有年迈的母亲带着妻子留下的两个年幼的孩子。他看着憔悴的母亲，抱着尚未懂事的孩子痛心不已，思绪万千。

韦拔群安顿好家里事情后，就去亲戚那里了解情况，看望村里的贫穷农户。得知乡亲们在封建官僚地主豪绅的压榨下，生活过得依旧艰辛困苦，韦拔群突然感到有一种责任，必须带领他们改变现状。

他觉得自己虽没带队伍，但农民就是一支未被组织和发动起来的强大力量，他应该组织起农民在农村进行革命。

一天，韦拔群找到了在乡下教书的表弟陈伯民，把自己的想法和他说了后，得到表弟的大力支持。随后韦拔群又联络了几位从小就在一起玩得较好的志同道合的朋友，把大家召集在一起，向他们讲述了这几年在外面的所见所闻以及国内外形势，宣讲孙中山的三民主义，介绍俄国十月革命以及列宁主义，号召大家团结起来进行革命。韦拔群的提议得到大家的一致拥护，大家说："拔哥，我们从小就最爱听你的，这事儿只要你领头，我们就干！"

9 月的一天，韦拔群在东里屯秘密成立了一个有 18 人参加的革命组织。经过讨论，决定这个革命组织叫"改造东兰同志会"，宗旨是反对军阀、反对贪官污吏、反对土豪劣绅，改造东兰旧政治、旧经济、旧文化。大家一致推荐韦拔群为会长。

"改造东兰同志会"成立后，韦拔群带领各成员走村串户开展发动农民的工作。他脚穿草鞋、头戴斗笠，跋山涉水到各村各屯，向穷苦大众进行宣传鼓动。

东兰武篆镇每逢3和6为圩日（集市开市的日子），腊月初三的这一天，韦拔群和陈伯民等几个会员来到武篆圩上，在闹市区摆了一张高桌，桌旁竖起一条“广西不得了”的条幅。那天赶圩的人很多，多数是来置办年货的农民，当他们路过这里时都被这个架势吸引，驻足围观，想看看这位身材魁梧、仪表堂堂，一身农民装束的青年人究竟要干什么。

韦拔群见围观的人越来越多，便指着前面一位身穿破单衣的汉子说道：“乡亲们，快要过年了，你们都是来办年货的吧。我想问一下，你们有多少人能买得起肉，能为家里的老婆孩子添一身新衣呢？看看这位大哥，身强力壮，既能干又不会偷懒，为什么连一身好一点的能御寒的衣服都穿不上呢？你们中又有多少人和他一样，每天从早到晚忙活一年，辛辛苦苦地劳动，仍旧是吃不饱、穿不暖，这是为什么呢？而那些地主恶霸、土豪劣绅从不劳动，家里粮食总是堆积如山，每天吃着山珍海味，穿着绫罗绸缎。原因很简单，就是我们的劳动成果被他们剥削去了。这是很不公平的，这个世道很黑暗！”

“怎么才能不被他们剥削，把我们的劳动果实归自己，能吃上好饭，让家里老婆孩子和自己穿上好衣呢？只有一条路可走，就是团结起来，打倒那些贪官污吏，打倒地主恶霸和土豪劣绅。”

一席话，说得围观的农民连连点头，觉得韦拔群讲的话特别有道理，交头接耳地纷纷议论起来。那位壮汉青年似懂非懂地问道：“你说打倒他们，他们这些人有钱有势，又有官府撑腰，我们怎么能打倒他们呢？”

韦拔群反问道：“你说说是他们富人多，还是我们穷苦人多？”

青年回答说：“当然是我们穷人多。”

“既然是我们穷人多，就说明我们的力量大，只要我们团结起来，就有力量打倒他们。”

韦拔群见乡亲们脸上流露出迷惑不解的表情，他环视四周，发现人群中有位卖筷子的老人，便走过去，递过几文钱，买了一把筷子。他从这把筷子中抽出一根举起对众人说：“谁能折断这根筷子？”

乡亲们听后不解地哈哈大笑着说：“这有什么

难的，连小娃仔都能做到。”

韦拔群见无人上前，就指着那位壮汉说：“你能折断吗？”大汉上前接过筷子，两手轻轻一折，筷子就断为两截。接着韦拔群又将手中的一把筷子递给他，大汉接过筷子，无论如何用力，都不能折断这把筷子。

见此情形，韦拔群乘势开导说：“乡亲们，都看见了吧，一根筷子是可以轻而易举地折断，但一把筷子就很难折断。一根筷子就像一个人，势单力薄，而把一根根筷子合拢成一把筷子，就是众多的人团结为一个整体，就会产生巨大的力量，就能打倒贪官污吏、土豪劣绅。”

那青年又说道：“道理我们都懂，那怎么团结起来呢？”

“这很好办，来参加我们的农民同志会，我们的这个同志会是专门为穷苦农民办事的，是专门对付那些地主恶霸、土豪劣绅的组织，加入的人越多，我们的力量就会越大，打倒他们也就不是难事了。”

汉子高兴地说道：“这太好了，那我也参加。”

韦拔群指了指桌子边的陈伯民说，愿意参加

的农民兄弟们，就到他那里去报名登个记。

经韦拔群这么一说，围观的农民一下子围向陈伯民，“我报名”“我参加”……那场面胜过了赶圩的热闹。随着入会农民越来越多，韦拔群觉得他们的热情很高，但想法很单纯，便耐心地向他们讲解“同志会”的宗旨，分析造成社会不公、贫富不均的真实原因，介绍全国的革命形势，帮助他们提高思想觉悟，鼓舞他们的斗志。

针对乡亲们对于土豪劣绅的畏惧心理，韦拔群还拿出实物来教育他们。有一次，他在圩场向群众演讲时说：“乡亲们，贪官污吏、官军匪兵没什么可怕的，大家不要害怕他们。我们要建立自己的农民武装，要有自己的武器。大家家中都有杀猪刀、砍柴刀以及部分人持有的猎枪都是武器。没有武器，我们可以凑钱买，还可以自己造。”

“如何造？我们都不会造呀？”听众中有人提出疑问。“世上无难事，人多智慧多，我给大家看一样东西。”说到这里，韦拔群解开外衣纽扣，露出一身军人装束。只见他腰扎武装带，斜挂在肩的皮带上有个小酒瓶似的黑东西。韦拔群取了下来，高高举起问道：“乡亲们，你们见过这个东西吗？”

乡亲们伸着脖子好奇地左看右看，仍不知它是什么“东西”。

“这个是俄弹，能爆炸的，威力很大呢！”韦拔群自豪地说。

“鹅蛋？哪里能见过这么又黑又大的呢？还能当武器，拔哥你开玩笑吧！”乡亲们听后都是一脸疑惑。

韦拔群见大家误会了，赶紧解释道：“这个不是圩上卖的鹅蛋，这是发动十月革命的俄国人制造的小型炸弹。”

“俄国离我们那么远，拔哥是怎么弄到的呢？”乡亲们又露出了不解的表情。

“乡亲们，我当兵回来时带了一个这样的俄弹。但是我手里拿的不是俄国人制造的，是我请屯里铁匠仿造的。”

这个自造炸弹一下子引起了大家的好奇心，“拔哥，咱们试试这个炸弹吧，让大家伙儿看看它的威力。”

“好啊！让大家都见识见识咱们自造的炸弹

威力。”

韦拔群把乡亲们带到了离圩场不远的一块山脚旷地上。他叫大家趴在土坡上，然后独自一人往前走了数米，不慌不忙地从身上取下炸弹，握在右手掌中，左手拉出导火索，右臂一挥，把炸弹迅速地投掷了出去。只听见远处“轰”的一声巨响，一团烟雾弥漫空中，尘土飞扬。

乡亲们先是被这巨大的声响惊住了，等缓过神来就纷纷起身跑上前去一看究竟，只见地面被炸开了一个大土坑，大家惊讶地叫喊起来：“好厉害呀，这个小小的炸弹竟然有这么大的威力，真是不敢想象。”

“拔哥走南闯北，见多识广，乡亲们跟着他闹革命，还会怕那些横行乡里的土豪恶霸吗？”一同前去的陈伯民借机宣传说。

韦拔群的实弹演讲，一传十，十传百，圩场沸腾，很快就震动了整个东兰县，这对于鼓舞穷苦人的斗争勇气起到了很大作用。

韦拔群在向乡亲们宣讲革命道理的时候，还善于运用壮族群众喜闻乐见的山歌形式，把外出所见所闻所感编成许多朗朗上口的山歌进行广泛宣传，其中有首宣传马列主义的歌词为：

游历三年整，找到了革命。
领路是列宁，革命为人民。
凡是苦百姓，革命才翻身。
游历三年整，找到了革命。
马克思主张，拯救我农民。
领路是列宁，革命为人民。

在韦拔群积极宣传革命发动群众的同时，“改造东兰同志会”的其他会员也分别在江平、三石等地进行宣传活动。通过深入细致的工作，东兰县的劳苦大众很快就被宣传发动起来了。

领导抗捐税

东兰农民受韦拔群和“改造东兰同志会”的

宣传影响，虽然参与革命的热情不断高涨，但仍有不少人将信将疑。如何让“改造东兰同志会”为当地农民带来实实在在的好处呢？韦拔群决定先拿民众深恶痛绝的苛捐杂税开刀。

当时有项“刘邓捐税”，也叫“刘旅开拔费”，它是旧桂系军阀陆荣廷的残部刘日福和蒙仁潜部邓祖贻窜回百色、东兰一带后，为成立的所谓“自治军”而收取的税费。规定每户收取5—12元，而且缴纳限期时间极短，否则，过期罚款，违者抄家没籍。官府衙门到处张贴布告，土豪劣绅挨家挨户上门催收，逼得当地百姓苦不堪言。

1921年12月的一天，韦拔群带领“改造东兰同志会”的成员在武篆镇召开民众大会，讲述“刘旅开拔费”的来历，揭露刘日福和蒙仁潜等贪官污吏与土豪劣绅相互勾结，榨取百姓血汗的罪行，号召农民兄弟觉悟起来，团结一致抵抗捐税。只有打倒军阀，打倒贪官污吏，打倒帝国主义，人民才能翻身过上好日子。

会后，韦拔群和陈伯民被推选为东兰人民代表，日夜兼程赶赴百色去见刘日福，为百姓请命。

他们一到百色，立即来到刘日福府邸，报名请求会面。

刘日福早就对韦拔群略有耳闻，知道他建立“改造东兰同志会”和组织民众闹革命的行为。此次前来肯定是无事不登三宝殿。刘日福本想回避不见，但考虑到躲得过初一，也躲不过十五，只好把韦拔群二人请了进来。

韦拔群一见到刘日福，就诚恳地提出：“刘旅长，我们东兰县人民都快活不下去了，所以派我们来请您为民做主。”

刘日福假惺惺地说：“到底发生了什么事情？韦先生您快快请讲。”

韦拔群开口说道：“东兰地区连年来遭受旱灾，农民颗粒无收。按照政府法令，是可以免粮免税的。但是当前东兰县苛捐杂税多如牛毛，群众本来就难于负担，现在又增加了‘刘旅开拔费’，这是给百姓生活雪上加霜啊！我恳请旅长您下令免除这项税费。”

刘日福听说过韦拔群的来历，知道他是广西省主席马君武器重的人，又见他不卑不亢、振振有词，并非等闲之辈。为了避免麻烦，刘日福故作不知，矢口否认“刘旅开拔费”一事。

韦拔群尽管一眼就识破刘日福的谎话，但为了刺激他，说道：“刘旅长，您有所不知，劳苦大众对此事可是怨声载道，天天都在骂您，说您这个老桂系变成老土匪啦！”

刘日福恼羞成怒说：“这些土豪劣绅假公济私、肥了自己腰包，却让我背了黑锅，岂有此理。我刘日福还是跟着孙中山先生的嘛！”

韦拔群赶紧顺着说：“既然如此，就不必多讲了，还望您按照孙中山先生倡导的三民主义精神，以关心人民的生死为重，请刘旅长写一张免收‘开拔费’的手令，我也好给家乡民众一个交代，替您洗脱罪名。”

韦拔群语气委婉，但是态度坚决。刘日福思前想后，尽管心有不甘，但为了避免把事情闹大不好收场，只好被迫同意停止征收这项捐税，还当面写了免收“刘旅开拔费”的手令。

韦拔群和陈伯民拿到手令后，为了避免夜长梦多，担心刘日福事后反悔，就立即日夜兼程，返回东兰县。

回到家乡的第二天，正值中和乡的圩日，武篆团局和土豪劣绅照旧摆上收捐税摊子。他们个个神气十足地满街吆喝，农民们一脸愁容地站在摊位面前苦苦哀求。

韦拔群带领“改造东兰同志会”的人员来到圩场中心，他们把收捐税的告示牌取下来摔在地上，接着又把街上张贴收捐税的布告一个个揭下来，撕个粉碎。然后对着收捐税的土豪劣绅大声喝道：“把你们收捐税的摊子立刻收起来。”

土豪劣绅见此情景，先是一惊，然后强调说：“这是‘刘旅开拔费’的征收令，你们胆敢抗令？”

这时，圩场上围来很多的老百姓，韦拔群高声对着大家说：“农民兄弟们，这连年的旱灾害得大家很苦了，这是天灾，我们没办法，除了天灾外，苛捐杂税这种‘人祸’也让我们的日子雪上加霜。官府不仅不减税，还增加什么‘开拔费’。天下哪有这种道理？经过大家的共同努力，‘同志会’的会员们通过与官府的抗争，他们已同意取消‘开拔费’了。”

此话一出，全场静悄悄，几百双眼睛齐刷刷地盯着韦拔群，大家伙儿都不敢相信自己的耳朵。

韦拔群说完，从口袋里拿出了刘日福的免征令，并当众宣读了停止征收“刘旅开拔费”的手令内容。

韦拔群念完后，接着又大声说道：“这年月我们为什么苦？不是因为别的，都是那些土豪劣绅和贪官污吏作恶造成的，他们欺上压下，巧立名目，摊派苛捐杂税，压榨人民血汗，‘刘旅开拔费’就是一条。今天，我们通过斗争，废除了这条不合理的捐税。从今往后，‘刘旅开拔费’就不用交了！”

韦拔群唯恐大家听不清楚，提高嗓门又重复一遍：“‘刘旅开拔费’不用再交了！”

话音刚落，整个圩场顿时沸腾起来。有人高喊起来：“‘同志会’是好样的！为百姓办了一件大好事。”

正在圩场摆摊收税的大土豪杜瑶甫，忙从口袋里拿出一张县衙门的告示，气势汹汹地质问韦拔群：“你可不要目无国法，犯上作乱，煽动民众抗捐抗税。征收‘刘旅开拔费’，我这里可是有衙门盖印的告示。”

韦拔群嘲笑着说道：“你这个告示，就是你们敲诈勒索人民的罪证。”说着就从杜瑶甫的手中一把抓走告示，撕碎扔在地上。

杜瑶甫气急败坏，刚想和韦拔群理论一番，但看见刘日福的亲笔手令，像是挨了当头一棒，低下头来，差点摔倒在地，立马被手下人七手八脚地架着拉走了。

见此情景，那些征收捐税的劣绅们，个个满脸失色，垂头丧气，也都灰溜溜地走了，围观群众一片欢呼雀跃。

韦拔群为了百姓的利益，挺身而出，为民请命，领导抗捐斗争，赢得了广大群众的爱戴与拥护，贫苦人民把韦拔群看成心目中的大英雄，编了山歌唱道：

要想过河去，就要搭个桥。
要想干革命，就要跟拔哥。

三打东兰城

“改造东兰同志会”抗捐税斗争的胜利，在人民群众中产生了巨大的影响，要求参会的人越来越多。1923年4月18日，韦拔群召开“改造东兰同志会”会议，决定把组织名称改为“东兰公民会”。会议还决定积极发展会员，进一步扩大组织，建立农民自卫军武装。

会后，韦拔群分派会员到各乡、各村组织建立农民协会和自卫军，发动群众筹粮筹款，购买枪支弹药。

自“东兰公民会”成立以后，控告土豪劣绅的告状书信就纷纷而来，单单控告大土豪韦龙甫的案件就有百余起之多。韦龙甫是土官的后代，曾是小军阀刘日福手下的连长，后来又当上了东兰团务总局团总。他平时上巴结官府，下结交土匪，又串通衙门，私设法庭、广受贿赂、霸占田产、敲诈勒索，是东兰地区作恶多端、血债累累的地主恶霸。许多农民被韦龙甫逼债逼捐，倾家荡产，妻离子散，家破人亡。所以，群众一听到“韦龙甫”3个字，无不咬牙切齿、愤恨至极。韦拔群决定顺应民意，惩治恶霸韦龙甫。

6月中旬的一天，韦拔群率领100多名农民自卫军队员秘密来到东兰县城附近。他挑选了40名队员先潜入县城内，伺机行动。自己则带着其余的人去找东兰驻军营长罗颂纲，告诫他要保持中立，不要干涉群众的行动。

当潜入县城的部分队员来到韦龙甫家门前时，只见穿着道袍的道士正在堂屋里为他做“补禄补粮”的法事。看到这个让人深恶痛绝的恶霸，队员们不由得怒火中烧，还未等韦拔群交涉回来，就按捺不住地冲进韦龙甫的家。

正在全神贯注地享受法事的韦龙甫，突然见一群农民冲他而来，吓得连忙钻入桌底，被队员们拖出来时，他脸色铁青，连连求饶。

就在自卫军队员们忙着搜查韦龙甫家田契和枪支的时候，韦龙甫的小老婆趁机从后门溜了出去，跑到县长蒙元良处搬救兵。蒙元良本来就对韦拔群和他的自卫军不满，听说此事，立即下令卫队冲向韦龙甫家。面对荷枪实弹的卫兵，队员们毫不畏惧，但终因寡不敌众，有 7 名队员被抓，韦龙甫被解救。其他队员见势不妙，也不知如何应对，都纷纷逃离县城。

韦拔群听到队员擅自行动又失利的报告后，非常气愤。出师未捷先折兵，整个行动计划被打乱，而且还惊动了韦龙甫和县长蒙元良。此次行动无法再继续下去了，他只好带着其余的人撤离县城。

为了尽快救出被抓的队员，韦拔群决定单枪匹马，进城向蒙元良要人。第二天，县长蒙元良正在衙内办公，手下进来向他报告，韦拔群有事求见。

蒙元良问："他带了多少人？"

"就他一人。"

蒙元良听后窃喜，正想找机会捉拿韦拔群，没想到这家伙自己送上门来了。他向手下作了些吩咐，让把韦拔群领到会客室等候。

不一会儿，蒙元良走了进来，不怀好意地说："韦先生，久仰，久仰，今天见我，不知有何贵干呢？”

韦拔群单刀直入地说：“蒙县长，今天找你不为别的事。韦龙甫这个恶霸，经常残害百姓，敲诈勒索，无恶不作。昨天有农民自卫军队员找他清算，你们县衙不仅不为民做主，反而助纣为虐，还把几个自卫军队员抓了起来，这是何道理？”

“哦，原来是为这点儿事呀！韦先生，昨天我接到举报，有一股土匪进城骚扰，居然还惊动到韦老爷家，我作为一县之长，岂能不管呀。”

韦拔群辩护道：“自卫军队员不是土匪，他们都是善良的农民。您作为县长，不能颠倒黑白，为虎作伥，随便抓人啊。请尽快放了他们！”

“放……放他们……？韦先生，这怕不好向上交代呀……”蒙元良一边说一边向站在门口的一个县警使了个眼色。

突然，十几个县警持枪冲了进来。韦拔群见状，立即拔出腰间的曲尺手枪，对准蒙元良的胸口，厉声说道：“蒙县长，请不要给我来这一套，你马上下令把被抓的农民兄弟送到这里，不然我就不客气了！”

蒙元良立马慌了神儿，哆哆嗦嗦地说：“韦先生，请冷静，有话好商量好商量……”他转向县警，大声喊道：“快，快……赶快去放人呀！”

不一会儿，被抓的自卫军队员全都被带到这里。韦拔群担心蒙元良还会耍什么花招，就命令他亲自护送大家安全出城。蒙元良被吓得颤颤巍巍，也只好照办。

经一事，长一智。从东兰回来以后，残酷的现实让韦拔群清醒地认识到，用说理的方式与敌人斗争是根本行不通的。而且想要打倒这些土豪劣绅和地主恶霸，就必须推倒他们背后的靠山——反动政府和军阀。而要实现这一目标，就必须拿起枪杆子，加强武装力量。

韦拔群召集各区“东兰公民会”领导人和自卫军骨干到武篆东里村召开紧急会议。会上，大家总结分析清算韦龙甫失利的经验教训，决定扩大农民队伍，开展武装斗争，攻打东兰县城。但眼下人员和武器都严重不足，韦拔群要求大家积极想办法，动员各方力量，同时加紧购买武器。

韦拔群回到家中，把自家的 9 头耕牛卖了钱，派人去外地购买枪支弹药。他还深入西山去宣传发动壮、汉、瑶各族群众参加农军。在韦拔群的号召下，少数民族群众踊跃报名参加公民会和自卫军，还有很多青年自己带刀持枪找到韦拔群，要求跟着农军进行各种军事训练。

到6月底，东兰农军已达400余人。于是，韦拔群召开会议，研究攻打东兰县城事宜。最后决定由韦拔群任总指挥，兵分东、南、西、北四路向东兰发起进攻，分别由覃孔贤、黄榜巍、黄大权、牙苏民负责指挥。

6月30日晚，各路农军按照事先计划，兵分四路，到达东兰县城郊外指定地点埋伏。次日拂晓发起攻城。不巧的是，当晚天降大雨，九曲河水暴涨，给部队进攻带来很大的困难。许多农军战士用的是粉枪，火药被雨水淋湿后很难打响，极大地影响了战斗力的发挥。由黄榜巍指挥的南路军，强行渡过汹涌的河水，刚发起进攻，黄榜巍就中弹牺牲，跟随他一起冲锋的几名瑶族战士也都壮烈倒下了。

县衙门警卫和韦龙甫的反动武装凭借坚固的

城堡顽抗死守，加上罗颂纲也派出部队帮助守城。尽管各路农军发起多次强攻，但终因兵力不足、武器低劣，未能攻入县城。眼看取胜无望，为避免无谓的牺牲，韦拔群果断下令撤出了战斗。

农军初战受挫，损兵折将，大家情绪激动，纷纷请求要再次攻打县城，为死难的兄弟们报仇。作为总指挥的韦拔群，更是彻夜难眠。他痛定思痛，总结第一次攻城失败的教训，除受天气影响外，武器落后是根本原因。韦拔群回到家，再次变卖家里的田地，并通过多方筹资，增购了 30 支机制步枪和部分弹药。经过短短一个多月的准备，农民自卫军人数也扩大了一倍多，武器也有所改善。

8 月初的一天，韦拔群率领 800 多名农军向东兰城发起第二次进攻。战斗打响后，由于部队行动不尽一致，而且大多数农军都是第一次参战，缺乏作战经验，与敌一交锋，很快就败下阵来，加上敌我双方实力相差悬殊，虽作战勇猛冲锋，但进攻再度失利。

两次攻城都没有成功，农军队员们心中都很悲痛，有的表现出信心不足。为鼓舞大家的斗志，韦拔群组织召开农民自卫军大会。会上，他冷静分析了两次攻城失利的教训，除敌强我弱外，作战准备不充分、战斗经验不足也是重要原因。韦拔群鼓励大家说："失败是成功之母，大家不要灰心，只要我们团结一心，加强训练，要不了多久，我们一定能把蒙元良和韦龙甫两匪首铲除！"

从那以后，韦拔群不断组织大家进行军事训练，耐心向大家传授军事知识。同时，对农军进行组织调整，按营、连、排、班建制进行人员划分，指定各级负责人。经过一段时间的军事训练和纪律整顿，农军队伍的战斗力有了较大提升，大家情绪高涨，斗志昂扬，个个摩拳擦掌，要求尽快组织攻城，打倒作威作福的贪官污吏和土豪劣绅。

恰在这时，驻守在东兰县的罗颂纲营奉命调到了百色，守城敌军力量相对薄弱。韦拔群见时机已经成熟，决定发动第三次进攻，他下令各路农军做好攻城的准备。

10 月 20 日深夜，韦拔群率领东兰、凤山、百色等地农军 1500 多人，兵分四路向东兰城发起了第三次进攻。他号令一下，农军自卫军队员们手持长矛、大刀、土枪，从四面八方涌向县城，农军悄悄干掉守卫城门的小股敌人后，潮水般涌向城内，迅速控制了城区。城内大部守敌从睡梦中惊醒，晕头转向，毫无准备，见农军打了进来，有的乖乖投降，只有少部仓促退缩到县衙门负隅顽抗。

被枪声惊醒的县长蒙元良一骨碌爬起来，连裤子都来不及穿好就来督战。他喝令卫兵坚守县衙，自己则带着一家老小在几个卫兵的守护下趁星夜逃了出去。大土豪韦龙甫得到风声，也急忙带着金银细软逃跑了。守城的卫兵和团丁们群龙无首，就开始四处逃窜，来不及跑掉的纷纷投降。经过一昼夜激战，农军占领县衙，东兰县城首次获得解放。

第二天一大早，韦拔群就在县城主持召开2000多人参加的群众大会，庆祝农民武装斗争的初次胜利。会上，韦拔群宣布取消苛捐杂税，废除封建契约，没收韦龙甫等土豪劣绅的财产分给穷苦农民，提倡民族平等和男女平权，等等。

韦拔群激动地说："我们贫苦人民吃不饱穿不暖，根本原因就是受到土豪劣绅的压迫和剥削。今天我们赶走了腐败的县官，赶走了罪大恶极的恶霸韦龙甫，但还有更多的像他们一样的土豪劣绅，他们与贪官污吏、封建军阀勾结，鱼肉百姓。我们穷苦人民要过上好日子，就必须继续团结起来，拿起刀枪，坚决与恶势力不懈地作斗争。”

创办农讲所

韦拔群领导农军武装占领东兰县城的消息，轰动了右江地区，当地人民群众热情高涨，纷纷前来加入。这引起了土豪劣绅、官僚军阀的恐慌和不安。盘踞在右江地区的军阀刘日福，接到农军占领东兰县城的消息后，一边派兵来镇压，一边向省府诬告韦拔群领导的农民运动是“作乱”，广西省长听信谗言，也下令镇压东兰的革命活动。

1924 年 4 月，逃离东兰的大地主恶霸韦龙甫带着一个营的兵力，配合军阀刘日福派来的军队杀回东兰。在气势汹汹的敌人面前，韦拔群毫不畏惧，指挥农民自卫军奋勇抵抗。但由于敌强我弱，力量过于悬殊，经多次较量后，农军损失较大。为保存实力，韦拔群带领农军主动撤出东兰，回到武篆休整。

反动军阀、土豪劣绅们并没有善罢甘休，他们继续向省政府诬告韦拔群组织“劳农党”是与政府对抗，危害了广西的社会治安。韦拔群等农运领导人遭到省政府的通缉，东兰的革命力量也遭到沉重的打击。

东兰的革命活动难以继续，就连家乡也待不下去了。向何处去呢？韦拔群找来陈伯民等人商量，最后决定一起出去求学，寻求革命真理。

1924 年 8 月，一个皓月当空的夜晚，韦拔群、陈伯民等 4 人，踏上前往广州之路。为了躲避广西反动当局的通缉、追捕，他们化装成青年学生模样，打算先到南宁再乘船去广州。韦拔群一行刚走到奉议，就碰见刘日福部队的 3 个东兰籍士兵，他们都认得韦拔群。为了稳住这 3 个士兵，韦拔群请他们到旅店吃饭，好酒好菜招待，临走时，还从口袋里掏出了几个银圆分给他们。3 个士兵见了白花花的银圆乐坏了，小声告诉韦拔群，这里到处都是通缉令，不能久留，快快离开。韦拔群只好连夜离开奉议，又折回东兰，暂时躲避起来。

韦拔群在家待了几天就待不住了，他找到陈伯民商量说："广西反动当局通缉、追捕的风声很紧，这样长期躲也不是办法，我们必须想办法尽快离开。原来的路线既然有风险，我们就改变路线，绕远途经贵州、云南乘船到香港，再到广州。"陈伯民非常同意他的想法，于是，立即分头准备。几天后，韦拔群和陈伯民再次出发了，他们化装成商人，于 1925 年 1 月辗转到达广州，拜见了国民党左派廖仲恺。在廖仲恺的推荐下，他们进入广州农民运动讲习所学习，成为该所第三届学员。

广州农民运动讲习所是一所新型的革命学校。韦拔群非常珍惜这样难得的机会，如饥似渴地学习政治经济学、帝国主义论、中国革命史、中国农民问题等崭新的理论课程，同时利用课余时间学习马克思列宁主义经典著作。

学习期间，遇到难以理解的问题，韦拔群总是提出来和同学们一起讨论。当然，最令他激动的是现场聆听了仰慕已久的彭湃老师所教授的课程。彭湃是海陆丰农民运动领导人，第一届农讲所主任。他向同学们生动地介绍自己如何宣传群众、组织群众、领导农民运动，同土豪劣绅作斗争的亲身经历。

韦拔群对这些内容非常感兴趣，他还结合自己组织农军的经历向彭湃请教，对照革命理论和海陆丰的农民运动，思考总结领导东兰农运斗争的经验教训。

韦拔群的勤奋好学精神，使老师和同学们都非常敬佩，他是大家公认的本届最优秀的学员之一。经过短短几个月的学习，韦拔群对中国革命的一些基本问题有了进一步深刻认识，开始懂得只有共产党才能拯救中国，只有马列主义才能引导中国的革命走向胜利。

1925 年夏初，韦拔群和陈伯民没等结业，就离开广州，乘船逆流而上，返回广西。当时正值滇桂军阀混战，广西政局紊乱不堪。见此状况，韦拔群决定走彭湃海陆丰的路子，把东兰农民运动恢复和发展起来。

韦拔群回到家乡的消息不胫而走，之前一起参加攻打东兰的同伴们得知后，纷纷找上门来，要求同他一起继续干革命。

“拔哥，你走后，我们的日子好苦啊，那些狗官和地主恶霸不停地欺压百姓，我们一直盼着你回来领导大家再接着干呢，把这些吃人精铲除杀绝吧！”

韦拔群见到大家动情地说道：“干，我们这回要大干一场！但不能像过去那样蛮干，而是要有计划、有步骤、有组织地干革命。只要团结一心，我们就一定能胜利。”

大家听后，心里都热乎乎的，有人急切地说道：“拔哥，你就别卖关子了，快说带着我们怎么干吧！”

于是，韦拔群就把各地的农民运动情况、革命要解决的问题以及组织农民协会的办法详细讲了一遍。他重点强调：“当然，要办农民协会还得有干部。大家都知道，筑墙里面要有筋骨，我们闹革命要培养骨干，进行宣传发动，使得群众知道为什么干和怎么干的道理。所以我们要效法广州农讲所的经验，办自己的农讲所，培养和教育革命骨干，建立强大的武装力量，领导农民运动。”

农讲所创办之初，面临着重重困难，主要是缺乏资金。韦拔群努力说服家人，变卖了七八亩水田作为开办农讲所的经费。他还动员其他同志自愿量力捐助些东西。

为节省经费、遮掩敌人耳目，同时方便大家前来学习，韦拔群特地选择了一个天然岩洞——武篆镇拉甲山的“列宁岩”（原名北帝岩）作为校舍。“列宁岩”形状像一头猛兽，张开四方大口，出现在小半山腰。岩洞离地面有十几丈高，洞内宽敞明亮，地面平坦，可容纳数千人。岩洞前有一条小河，河水潺潺流动，河两岸竹林翠柏，风景优美，环境幽静，真是一个办学的好地方。

韦拔群带领教员和学员自己动手，自力更生，砍树制造课桌和床铺，建造校舍。他还经常划着竹排，冒险进入东里小龙潭深处，翻印从广州带回来的资料、文件和革命传单供大家阅读。此举有助于宣传革命思想、提高民众觉悟，并为开办农民运动讲习所做思想上和资料上的准备。

经过紧张而高效的筹备，一所庄严简洁的校舍形成了。

教室的讲台上方高挂着伟大革命导师马克思、列宁和孙中山的画像，讲台两侧挂着《国际歌》等革命歌曲。课堂的左右两侧，是竹片扎成连铺的学员寝室，学员宿舍的里端是教职员的宿舍兼办公室，最里面是简朴的厨房。

韦拔群看着他理想中的讲习所终于变成现实了，心中不由感慨万千。

“拔哥，您写几副对子吧！”一个学员说道。

沉思中的韦拔群转过脸来看了看他，点了点头说：“好！贴在哪里呢？”

“就贴在岩洞门口的拱门两侧。”

学员拿来红纸和笔墨，韦拔群提笔想了想，然后挥笔写下：“要革命的站拢来，不革命的走开去。”

接着，韦拔群又写了一副：“快乐事业，莫如革命。”他欣赏了一会儿说：“这副对子就贴在洞内教员宿舍的门口两侧。”之后，他又为农讲所书写了“团结、互助、奋斗、牺牲”八字校训。整个岩

團結互助奮鬥犧牲

洞布置得整齐、庄严、朴素，充满了学习、革命、战斗的氛围。

1925年11月1日，广西农民运动讲习所在“列宁岩”开学了，韦拔群担任农讲所主任，陈伯民担任管理员。右江地区东兰、凤山、百色、凌云等10多个县的农运骨干和进步青年270多人，躲过敌人耳目，跋山涉水，不避艰险，从四面八方来到拉甲山，成为农讲所第一届学员。

东兰农讲所是一所军政合一的革命学校，学员们不但要在这里学习社会发展史、俄国革命史、农民运动章程等课程，还要进行严格的军事训练，学会拿枪打仗，为武装斗争做培养干部的准备。

学习生活是艰苦、紧张而热烈的，但师生们始终保持着革命乐观主义的精神。他们每天上午上课，下午军事训练或劳动，还办了个《火花报》，交流思想和学习心得。大家同吃同住，师生平等，挑水砍柴，吃糠咽菜，苦中有乐。

开学不久的一天晚上，值日员领着一个衣衫褴褛，打着赤脚，脸色苍白，20岁左右的青年，来到韦拔群的宿舍。

值日员介绍说：“拔哥，这位青年想要到咱们农讲所来学习。”

“好呀！欢迎欢迎！快请坐！”韦拔群赶紧问道，“你叫什么名字？”

“我叫陈定成。”

韦拔群回想了一下说：“你是在大土豪杜瑶甫家当过长工，对吗？”

陈定成点点头说：“嗯，是的！”

“我们农讲所欢迎像你这样的穷苦青年来参加学习。穷人要想翻身，就应该自觉参加革命。”韦拔群诚恳地说。

因开学已有几天，讲了不少课程，韦拔群担心陈定成跟不上，就指定学员骨干给他作专门辅导。

半个多月后的一天中午，学员们正准备吃午饭，每桌都摆有一碟炒猪肉。韦拔群看见猪肉感到十分诧异，就赶紧问炊事员：“怎么会有钱买猪肉给大家吃呢？”

“是陈定成在圩上给我们买的。”

“陈定成是个穷苦的孤儿，缺吃少穿，怎么

可能有钱给大家加菜呢？”韦拔群心里顿时充满疑虑。

当天晚上，韦拔群约陈定成一起到岩洞外走走，谈谈心。

“今天午饭吃的猪肉是你买的吗？”韦拔群目不转睛地看着陈定成，关切地问道。

陈定成不敢直视韦拔群的目光，只是胆怯地点点头。

“你一个穷苦人，哪里有钱买这么多肉呢？”

陈定成迟疑半天，也没有作声。韦拔群见他有些顾虑，并没有追问下去，只是语重心长地对他说：“不要觉得日子苦，我们干革命就是苦事，吃点苦就是为了打倒压迫、剥削，让穷人翻身过上好日子呀！”最后韦拔群还补充说：“你不要害怕，有什么事都可以告诉我。什么时候想说，随时找我都可以。”

第二天上午，韦拔群给大家讲课，主要内容是地主阶级压迫剥削农民的问题。他联系实际，讲了许多土豪劣绅压迫剥削农民的悲惨例子，还谈到陈定成的父亲因交不起杜家的阎王债，被逼上吊而死，7 岁的陈定成只好去做工抵债。听到这里，陈定成忍不住伤心地哭泣起来，跑回了宿舍。

刚一下课，陈定成就找来了。他哭着说道："拔哥，我糊涂犯大错了，你处分我吧！"

"别哭，有什么事就说出来，我为你做主。"韦拔群安慰着他说。

"上次买猪肉的钱，是阴险狡猾的杜家给我的，我真的不该要，不该要……"陈定成后悔地说。原来是杜瑶甫想用金钱拉拢收买他，来充当自己的耳目，妄图趁机破坏农讲所。

得知事情原委后，韦拔群诚恳地对陈定成说："我们干革命，就得时刻擦亮眼睛，不受利诱，不受欺骗，要像右江两岸的马缨花一样，把根扎得又深又牢，这样才能经得起狂风暴雨、骄阳烈日的考验。"

返回农讲所宿舍后，韦拔群想到发生在陈定成身上的这件事正是教育学员的一个生动材料。第二天一早，他和其他几个教员商量一下，决定在课堂上，让陈定成公开揭露杜瑶甫的无耻行径。当陈定成讲完后，激起了大家对土豪劣绅的愤怒，课堂上不断响起愤慨的口号声。

随着农讲所的学员越来越多，办学开支经费也越来越大。韦拔群变卖了大半家产，还不够用。为了解决这一问题，韦拔群与大伙儿一起商量，决定要把土豪杜瑶甫父子俩霸占武篆圩的税收拿来用于农讲所。

杜瑶甫的儿子杜伯豪任武篆育才小学校长，杜瑶甫自命为董事。父子俩一唱一和，狼狈为奸，借办校为名，一直霸占圩场税收。

当韦拔群派出农讲所代表与他们交涉时，父子俩气焰嚣张地说，农讲所是不务正业的，地方税款只能用来办正规教育事业。后经过农讲所学员的反复交涉，父子俩便开始相互推托，杜瑶甫说："儿当家，有事找他去吧。"杜伯豪说："父做主，不关我事。"

韦拔群看透了杜家父子俩的花招，便亲自出面，当机立断地下了最后通牒，定下时间同他们开"雄辩会"，以作最终解决。

杜家父子迫于无奈，只得同意。他们连夜找来了几个亲近的土豪共同研究对策，最后决定由杜瑶甫当幕后人，不出面讲话，由杜伯豪和其他几个土豪作代表，当面辩论。

“雄辩会”在武篆育才小学校举行。那天开会时间未到，农会会员、群众代表和父老乡亲就已挤满了会场。原来这是韦拔群事前部署的，为的是用事实来启发教育群众看清土豪们的真面目。

“雄辩会”开始后，杜伯豪首先说话：“圩场税收款归学校使用，是经过全乡父老商量决定的。如果谁主张归农讲所，那就违反大家意愿，损害地方教育事业。父老们说是不是呢？”

“是的，这是公理，谁也不得违反！”以土豪为代表的一方附和说。

韦拔群听后立刻对大家说：“过去有这样的决定吗？父老乡亲们都说说吧！”

“没有这样决定，我们根本就不知道这件事儿，都是杜家强占大家的利益！”众人齐声说。

“既然这样，今天该怎么决定，就请父老乡亲们发表意见！”韦拔群说。

“应该归农讲所，不能再让土豪们侵占了！”众人齐声回答、声如巨雷，杜家代表吓得不敢吱声。

最后韦拔群指着杜伯豪说：“由此可见，是你们父子俩没有和父老乡亲们商量，就想私自霸占大家的利益，犯下了杀头之罪！”

杜伯豪理屈词穷，赶紧解释说：“用在小学，用在农讲所都是一样，只是我父亲见识少，思想固执，请韦先生不要见怪！”

圩场税收的辩论斗争取得了胜利，农讲所经费紧张的状况也暂时得到缓解，但学员们的生活依然十分艰苦。韦拔群就把革命教育与生产劳动结合起来，组织学员们打柴，编草鞋，上山挖野菜、采野果。他还发动学员收集稻草编织厚草席，起了个响亮的名字叫“革命被”。

韦拔群教育学员把艰苦的生活当成一种锻炼。他对学员们说：“革命人要锻炼出三个习惯来：第一，立场坚定，意志刚强，不怕困难，不怕死；第二，要有结实的身体，能跑能跳，能吃苦耐劳；第三，对敌斗争，要灵活勇敢，胆大心细，变化无穷。只有这样的人，才能经得起革命斗争的考验，即使面对危险，也能昂首无畏，坚持到底。”

在这种革命乐观主义和艰苦奋斗精神的影响下，韦拔群开办的农讲所为右江地区培养了一个又一个的革命火种，是他们燃起了革命胜利的烈火。

智斗土豪劣绅

韦拔群创办的农讲所让那些土豪劣绅纷纷感到惊恐不安，他们千方百计进行破坏。

当时，在东兰县范围内，反动气焰最嚣张的是江平乡的大恶霸龙显云。他当过广东军阀龙济光部下的连长、营长，兵匪习气甚重。卸职回东兰后，一度担任东兰联团总局局长。平日里，他为了显示其威风，在自家门口插满旗子，还养有一批私人家丁，持枪护院。表面上摆出一副道貌岸然的正人官吏样子，实际上干的却是那些贼喊捉贼、欲盖弥彰见不得人的勾当。

韦拔群创办农讲所后，龙显云十分仇视，千方百计加以破坏。他暗地里派出家丁，白天化装拦路抢劫，晚上打家劫舍，然后大肆造谣，将这些恶劣行径嫁祸给农讲所学员，企图毁坏农讲所声誉，以造成混乱局面。后来，韦拔群开办新圩场，龙显云就带领家兵去路上拦截，禁止农民赶新圩。

面对龙显云的所作所为，韦拔群决定铲除这个恶霸，为民除害，同时让农讲所的学员们在革命斗争的实践中得到锻炼。

1925 年 11 月的一天，韦拔群决定亲自带领军事教员黄汉英、邓无畏和农讲所的十几名学员夜袭龙显云的住所。他们趁着黑夜，悄悄来到江平乡，将龙显云的房屋围了起来。突然，几声狗叫声打破了夜晚的宁静。龙显云的家丁听到今晚的狗叫声与往常不同，于是开门出来巡视，当他走近黄汉英埋伏的地方时，黄汉英一跃而起将他制伏，其他队员趁机冲进了龙显云住所的前大门。屋内的家丁见有人冲进前大门，连忙开枪射击，韦拔群迅速还击，一阵激烈的交火之后，几个家丁被消灭。正在后屋睡觉的龙显云听到枪声，知道有人来袭，急忙穿好衣服去前屋，见几个家丁被打死了，他感到不妙，连忙打开后门躲藏在岩洞里。过了许久，龙显云感觉没被人发现，于是，乘人不备，偷偷溜出岩洞，连夜逃往东兰县城。

天亮了，龙显云的住所外站满了看热闹的群众，人们议论纷纷，拍手称快。韦拔群当众揭露了龙显云的种种罪行，声称这是一次革命的行动，并带领学员们把龙显云家里的粮食和财物分给周围的群众。为进一步彰显革命的力量和农民武装的威风，韦拔群和陈伯民等人决定发起召开国民党东兰县党员大会，成立县党部，消息一传开，立即遭到地方官僚豪绅势力的阻挠。开会的这一天，农讲所的几百名学员和武篆育才高等小学的几百名学生纷纷前往县城参加大会，县知事黄守先派出县警妄加阻拦，学员和学生高呼“打倒军阀”“打倒贪官污吏”等口号，冲破重围，进入会议现场。

黄守先对农讲所的行动早就不满，正好借机跑到百色向刘日福诬告韦拔群“聚众闹事”。而被抄家跑到东兰县城的龙显云这时也找到刘日福，向他诬告农讲所是一个“大匪窝”，到处打杀抢劫。刘日福听后，大为惊讶，立即颁令黄守先，由他率领县军警“进剿”农讲所，同时派龙显云协助黄守先行动。

黄守先等回到东兰后，纠集县警、民团等200多人“围剿”农讲所，妄图将韦拔群和农讲所学员一网打尽。

韦拔群得到消息，立即组织陈伯民等人召开紧急会议，分析敌我形势，作出战斗部署。会上，有的说“要以牙还牙，要拼”，有的说“黄守先的队伍气势汹汹，不能硬来”。

韦拔群决定采取诱敌伏击的办法打击来犯之敌。他安排军事教员邓无畏率领20多名学员留守洞内，负责监视和反击敌人，自己则率领其余学员到洞外设伏。同时，派人送去情报，通知各区农军前来支援。

韦拔群离开前，还组织大家在洞外敌人必经之路上埋好土雷，并在洞口围墙上堆放石块，用于反击敌人。他还特别嘱咐邓无畏，如果有情况一定要灵活应变，注意保存实力，千万不能跟敌人硬拼。

天近晌午，黄守先带领匪兵几经周转，翻山越岭来到农讲所对面的山脚下。向上望去，半山腰的洞口静悄悄，连个人影都看不到。打头阵的匪兵心里都打鼓，他们知道韦拔群足智多谋，不可妄动。而黄守先耐不住了，他让匪兵先向洞口放了几枪，试探情况。见没有反应，就命令先头的匪兵开始渡河。当敌人走到伏击圈时，韦拔群指挥学员拉响土雷，搬动石块砸向敌人，同时一排排土枪纷纷朝敌群射击。

一阵痛击，敌人狼狈地退回到河道里。他们发现山上的学员后，凭借河床的掩护，用机枪疯狂地向农讲所学员射击。韦拔群见敌人攻势猛烈，农民自卫军也未及时增援，便带领洞外人员从山后的弄场转移。

敌人见山上学员被机枪压制住了，便又开始渡河。午后，敌人开始向北帝岩洞内发起攻击，见洞内没有还击，反而害怕起来，担心韦拔群早已摆下了天罗地网的龙门阵，一个个胆战心惊地缓慢向洞口逼近。

待敌人接近洞口，邓无畏按照韦拔群的交代，下令反击，守洞学员齐心协力从洞墙上往下推砸石头，一时间，飞滚的大石如同冰雹般地滚砸向敌人，打得敌人哭爹喊娘，抱头逃窜。

第一次进攻失败后，黄守先不死心。他又逼着匪兵发起二次进攻。由于敌人惊魂未定，加上摸不清洞内底细，一个多小时过去了，仍无人敢贸然前进，只是在靠近洞口处徘徊放枪，壮胆试探。看到这种情况，黄守先急如热锅上的蚂蚁，在平地上的一块大石后狂叫。最后，龙显云不得不亲自上前指挥。这次，未待敌人靠近洞口，守洞学员又一阵猛砸，再次把敌人打退。

黄昏时分，敌人又发起了第三次进攻。由于敌我双方力量过于悬殊，守洞学员能投的石块已所剩无几，大家被迫从秘密通道转移到后山。敌人不见洞内反击，战战兢兢地破门而入。进到洞内，见无人影，便毫无目的地乱放枪来壮胆，然后大肆撕毁标语口号以及列宁、孙中山的画像，毁坏印刷机器，还搬来柴草，将农讲所的书籍、文具、床铺、课桌、板凳统统焚毁。

焚毁农讲所后，黄守先和龙显云便带着匪兵到武篆镇那论村杀猪杀鸡，煮肉摆酒，大吃大喝，得意忘形地欢庆“胜利”。

韦拔群带队先撤离后，就派人暗中伺机观察敌人行踪，得知黄守先和龙显云在大肆“庆祝”，毫无戒备，决定趁机夜袭。当晚 11 点左右，匪警们有的在划拳猜码、喝酒，有的在睡大觉，韦拔群率领农讲所学员、教员和农军共 300 多人，连同前来助阵的数百名群众，悄悄地把那论村包围得水泄不通。

待敌人酩酊大醉、鼾声如雷后，韦拔群一声令下发起进攻。顷刻间，枪声突起，杀声震天，从梦中惊醒的敌人晕头转向，纷纷抱头乱窜。黄守先惊慌失措，一头钻进鸡笼里躲避起来。龙显云也赶紧慌乱逃跑，恰巧被子弹击中屁股，只好让部下背着逃进了山林里。战至后半夜，匪兵大部被消灭，一部逃离了村庄。韦拔群也未查找黄守先和龙显云的下落，就下令收兵返回农讲所。

躲在鸡笼里的黄守先，天大亮后见无动静，得知农军已经离去，这才战战兢兢地带着几个残兵仓促逃回县城。

这次反击战，有力地打击了黄守先及其同伙的嚣张气焰，鼓舞了农讲所学员的斗志，让他们经受了严峻考验和实战锻炼。事后，韦拔群编了一首山歌：

木炮响轰轰，县长卧鸡笼。磕头啃鸡屎，扫尽你威风。

1926 年 1 月，鉴于革命斗争形势日益恶化，韦拔群决定原计划学习 6 个月的第一届农讲所学员提前结业。外县的学员们奉命返回家乡，负责发动和领导当地农民运动，散播革命火种。东兰学员一部分派回各区、乡开展农运，一部分参加东兰武装斗争。

04 百色起义前后

坚守在西山

1926年年初，广西统治当局派百色驻军刘日福部龚寿仪带着一个团的兵力到东兰“进剿”，血腥镇压农民运动，制造了骇人听闻的“东兰惨案”。

龚寿仪勾结县知事黄守先和大土豪杜瑶甫，纠集反动军队和民团1000多人在武篆镇及附近区、乡村展开大肆烧杀掠夺。他们见房就烧，见人就抓，见东西就抢。几天之内，韦拔群曾经美丽的家乡变成了一片焦土。数千民房被烧毁，大批牛羊被掠夺，光是被勒索款项就达8万多元。更残酷的是有数百名农运骨干和革命群众被杀害。韦拔群自家的老宅也被烧毁了，连山上的祖坟都被掘地三尺。

在严酷的现实面前，为了保存有生力量，韦拔群率领农民自卫军和幸存的部分群众退守西山。西山千谷万隘，易守难攻，地理位置优越，而且当地的瑶族同胞长期受到韦拔群革命思想的影响，也都积极支持革命活动，是一处扎根立足的好地方。

韦拔群每次进山，就像到家一样，不管走到哪个村寨，这家喊声"拔哥进屋歇会儿"，那家叫声"拔哥进门吃口热饭"。即便有急事，三更半夜叫门，也都热情相迎，毫无怨言。

为了更有力地开展对敌斗争，韦拔群进山以后，组织成立了东兰县革命委员会，并当选为主任。他还将农民自卫军改编为锄奸团，把农军分散成小股活动。

韦拔群带领锄奸团战士们一面与敌人周旋，展开游击战；一面潜入敌占区严惩那些曾捕杀群众的土豪劣绅。锄奸团在各区实施了 20 余起锄奸行动，为虎作伥的反动豪绅个个如同惊弓之鸟，再也不敢肆无忌惮地为非作歹了。这些行动，大大鼓舞了群众的斗志。许多农会会员纷纷加入锄奸团，人数很快扩充到500多人。

1926年春的一天，韦拔群和锄奸团的几个队员悄悄潜到敌占区中和圩探听敌情，从当地群众那里知道敌团长龚寿仪准备晚上在土豪黄焕伦家里开军事会议，还知道了敌人的口令。为了准确获取敌人的军事情报，韦拔群当机立断，决定孤身潜入，参加敌人的军事会议。他换了一套敌军军服，装扮成敌军官的样子。天黑时，大摇大摆前往黄焕伦家“赴会”。

敌人戒备森严，卫兵见他一人前来并喝道：“口令！”

“西山！”韦拔群不慌不忙地回答。敌卫兵听到正确的口令后，敬了个军礼，连忙为他放行。

韦拔群进入院落后，左右环视了一下，见四下无人，便赶紧拐个弯，进入一间空房，用张凳子垫脚，正好可以看见会议厅堂。这时，龚寿仪的军事会议已经开始，他正在布置秘密行动方案。韦拔群侧耳细听，原来敌人的计划是向西山农民自卫军发动进攻。

接着，龚寿仪又把部队如何行动，如何配合

以及联络暗号重复了一遍。最后，他威严地强调说：“这是个绝密的行动计划，谁走漏了消息，按军法从事！”

会议即将结束时，一个卫兵发现空房里有人，便喝道：“谁在里面？”

“喊什么喊，解个小便。”

“这是小便的地方吗？”敌卫兵追问道。

“连我的声音也听不出来，当心打你军棍！”韦拔群装腔作势地说。

敌卫兵讨个没趣，赶紧灰溜溜地走了。

韦拔群在院里转了转，从哨兵看不见的一个地方翻墙而出，连夜赶回西山。他迅速联系了西山瑶民义勇大队，同时率领锄奸团，在龚寿仪团必经之地做好应战准备。

第二天，敌人开始行动了。当敌军蜂拥进入西山根据地边缘的一个峡谷时，踩响了预先埋下的土地雷。随着一阵阵的爆炸声，两边山上大小石头，纷纷往下滚，敌人躲闪不及，有的脑袋开了花，有的断了手脚。敌军队伍大乱，被打得晕头转向，惊慌逃命，埋伏在山谷两边的锄奸团一齐向敌人开火，结果敌人丢下了一大批尸体和伤员，惨败而逃。

打退了龚寿仪团的偷袭，锄奸团取得了胜利，队员们开心地唱道：

拔哥胆大计又高，深入敌穴探情报。巧设妙计布陷阱，土地雷，齐轰鸣。大石头，山上掉，碎敌脑袋断敌腰，鬼哭狼嚎。

一天，韦拔群从西山来到东兰县弄竹村，住在一位熟悉可靠的老农户家里。不知是路上被人跟踪，还是进村时被人发现，大土豪杜瑶甫竟然得知了韦拔群的行踪，他立即带着几十个民团团丁来抓捕韦拔群。当他们进到弄竹村后，就开始挨家挨户地搜查，查了一个遍却不见韦拔群的踪影。

原来韦拔群早在敌人刚进村时就得到村民速报，赶紧从村后玉米地离开了。在离开弄竹村时，韦拔群还故意将鞋子倒穿，造成有人进村的假象。

杜瑶甫在村里没搜寻到韦拔群，气急败坏地带领手下赶往村外追踪。

留宿韦拔群的那位老农看见团丁们到村外追查去了，怕有个意外，就迅速出门将一双沾满泥浆的鞋子穿上，走到户外的一棵树下走了几圈，留下许多脚印，然后回屋将鞋子藏起。

杜瑶甫一伙搜寻到村子后面，很快发现玉米地里的一串脚印，他仔细查看后，发现脚尖是朝着村里走的，并自信地断定，这就是身材高大的韦拔群进村时留下的足迹。他又命令团丁沿着脚印往村里搜去，很快搜至那棵大树下，只见大树下还有一圈的泥脚印。杜瑶甫围着大树下的脚印看了看，又看了看大树旁边的那户人家，连忙叫团丁去把这户的老农找来，凶巴巴地盘问他是否看见韦拔群了？老农镇定地回答道："韦拔群我倒是没看见，但看见一条青龙从树顶上腾空飞去！"

老农的话触动了杜瑶甫的心思，他猛然想起韦拔群出生于正月初一，传说这一天正是龙的生日。东兰民间早就流传韦拔群是"青龙"的化身，颇为迷信的杜瑶甫对老农的话半信半疑，但想着一时半会儿也抓不住韦拔群，只好垂头丧气地离去。就这样，韦拔群在农户的帮助下化险为夷。

把五尺之躯交给党

韦拔群看到西山的锄奸队伍不断扩大，就向东兰县革命委员会提出建议，在锄奸团的基础上，重建农民自卫军，设立总指挥部，韦拔群担任总指挥，下设三路军，分别由覃孔贤、黄大权、陈锡元指挥第一、第二、第三路军。袭击农讲所的东兰县知事黄守先、龚寿仪等一伙反革命势力不甘心失败，继续不断地驱兵镇压东兰农运。同时，发出通电、布告，四处制造反革命言论，污蔑韦拔群是东兰“匪首”，农会自卫军和农会会员是“拔党匪徒”，企图掩盖他们制造东兰惨案的滔天罪行。

韦拔群强烈地意识到，在敌强我弱的情况下，依靠单纯的军事斗争是不能够战胜敌人的，必须进行政治斗争。他与自卫军的各级领导商量后，决定发动大家利用各种渠道和办法，把东兰惨案的真相公布于众，争取各界进步势力的同情和支持。韦拔群带领大家印制了许多声援东兰农运的传单、信件，派人到东兰县城、百色县城、广西南宁等地散发，并向全国各地发出了大量的声援信函和电报，介绍东兰农民运动的情况和东兰惨案的过程。很快，中共广西地方党组织得知后，通过各种渠道对东兰农民运动给予肯定和声援。全国各地共产党和共青团组织得知情况后，也纷纷发表通电，给予支持。一时间，东兰农民运动影响壮大。

迫于各方压力，广西省政府只好成立“东兰农案调查善后委员会”，由省党部青年部长陈勉恕（中共党员）担任委员会主任。广西地下党组织觉得这是个极好的机会，指示陈勉恕一定要借此机会查明真相，支持东兰农运活动。

1926年10月，陈勉恕带领调查组前往东兰，很快就查明惨案全部真相。面对铁的事实，以及声势浩大的援助东兰农友的风潮，广西省政府十分恐慌，被迫发出处理“东兰农案”的“俭电”，对东兰惨案作出了比较公正的处理意见。

陈勉恕等人完全站在农民立场上，旗帜鲜明地支持韦拔群领导的东兰农民运动的行为，这对韦

拔群是极大的鼓舞和鞭策，他的思想、见识和对问题独到的看法，也深深地感染和影响着韦拔群。

深秋的夜晚，一轮上弦明月悬挂天穹，陈勉恕与韦拔群晚饭后，在县城附近的竹林间边走边谈。

陈勉恕望了望天上的明月，感慨地问：“今天是重阳节，你想不想家？”

“当然想呀！‘每逢佳节倍思亲’‘遍插茱萸少一人’嘛。而我，不光是少一个亲人，已经少了3个亲人了。待到将来革命成功了，我要竖起一块大石碑纪念他们。”韦拔群抬头望了一眼皎洁的明月，接着说，“以一家死，来换回百家生，从我参加革命的那天开始，就已准备付出这样的代价。”

“那么，你自己的追求呢？”

“‘生当作人杰，死亦为鬼雄。’这是我的人生诺言，要不，我一个人苟活在黑暗的人间，有什么用！”

陈勉恕被韦拔群几句发自肺腑的话感动了，他望着远处问道：“那年你外出游历，面对着万里长江，你有什么感想？”

韦拔群听后一惊，没想到陈勉恕对自己的过去是那么的了解，此话又一下勾起了他的回忆：“长江，是我们中国老百姓的骄傲，它劈天盖地而来，浩浩荡荡而去，从中原大地流过，没有什么力量能够阻挡。我当时坐在轮船上，内心也是汹涌澎湃。”

“是呀，我们干革命，也像在长江里航行一样，只能前进没有后退。不过，长江里的轮船，还得有个舵手掌舵，轮船才能沿着航线前进。”陈勉恕望了韦拔群一眼，意味深长地说：“中国共产党就像那位舵手，只有让她来掌舵，中国革命的航船才能乘风破浪，一往无前！”他们二人就这样从闲谈开始，慢慢切入正题，谈到关于中国共产党的性质、纲领、奋斗目标，又谈到东兰农民运动和武装斗争的现状以及将来的发展。

这些谈话都深深地触动了韦拔群的内心世界。其实，早在广州农民运动讲习所学习时，他就已经意识到没有共产党的领导，东兰农民运动就不可能蓬勃发展，中国革命也不可能取得最后胜利。这次东兰惨案的斗争进一步使韦拔群看到了党的威力，感受到了党的力量，也更加清醒地认识到自己的革命理想与共产党人的理想是一致的，共产党员才与自己真正志同道合。

中共广西党组织利用陈勉恕带领调查善后委员到东兰调查的有利条件，还派出陈洪涛、陈鼓涛、严敏等共产党员来到东兰协助陈勉恕指导农民运动，发展农军，吸纳优秀的东兰农民运动骨干入党，建立党组织。他们 4 人经过研究，决定成立中共东兰第一个党支部——东兰支部，陈洪涛任支部书记。

为了让农讲所的学员们对革命问题有更多了解，韦拔群请陈洪涛担任教员，讲授十月革命史等课程。陈洪涛利用工作之便，经常向韦拔群介绍共产党的性质、宗旨、革命任务和远大目标。韦拔群听后，进一步加深了对共产党组织的了解，加入共产党的念头越来越强烈。陈洪涛还把《共产党宣言》借给韦拔群看，告诉他这本书要认真学习，好好研读，一定能悟出很多道理。

初冬的一天深夜，韦拔群坐在魁星楼的小桌前，借着微弱的灯光，聚精会神地研读着《共产党宣言》。这本书他已经反复阅读好几遍了，每读一遍都有一次新的收获和体会。

韦拔群的思绪一会儿停留在字里行间，一会儿又回忆起自己的过往经历。从孩提时代起，他就十分仰慕那些疏财仗义的英雄豪杰，崇拜忧国忧民的志士仁人，而且自己也沿着前人的脚印摸索了这么多年。当他接触了共产党人，读了马列书籍之后，他的思想又升华到了一个新的境界，明白了更多关于革命的道理。

想到这些，韦拔群再也按捺不住激动的心情，挥笔写下入党申请书：

吾拔群，愿把五尺之躯交给党，跟党铲除天下不平，建立一个平等的新社会。热烈而生，热烈而死。

这份入党申请书，全文连标点符号在内，仅有 44 个字符，却字字真，句句切，体现了韦拔群积极向党组织靠拢的坚定决心和革命意志。第二天，他庄严地向党组织递交了自己的入党申请书，并承诺接受党组织的考验。

11 月，经陈勉恕和严敏两人介绍，韦拔群光荣地加入了中国共产党。从此，一直在黑暗中苦苦摸索、努力奋斗的韦拔群找到了信仰的方向，他由一个爱国爱民的民主主义者，变成了一个真正的共产主义者，成为为党的事业而自觉奋斗的无产阶级先锋战士。

韦拔群领导的农民运动，得到了中共广西党组织乃至中共中央的大力支持与高度评价。12 月，中共中央局在给共产国际的报告中称赞韦拔群“在东兰已成了海陆丰之彭湃，极得农民信仰”。

打击新桂系军阀

1927 年 4 月，蒋介石发动四一二反革命政变，大肆捕杀共产党人和革命人士，国共合作破裂了。一直把工农运动视为心腹大患的新桂系军阀李宗仁、黄绍竑、白崇禧等人，乘机派出军队大举进行“清党”“清乡”等镇压活动，疯狂通缉并逮捕了一大批共产党员、共青团员、国民党左派人士以及革命群众。桂系军阀对共产党人的极端仇视和镇压屠杀，严重破坏了广西党组织，致使右江党组织与上级党组织的联系中断。

面对蒋介石的屠杀政策，韦拔群毫无畏惧，仍然以大无畏的英雄气概率领右江农军坚持公开的武装斗争。

5月，在国民党军第16军工作的中共广西右江恩奉特支书记余少杰率领部分官兵起义后，留在右江地区坚持斗争。6月，韦拔群与余少杰等在恩隆县七里山区召开右江各县农运领导人会议，会上决定在没有与上级党组织取得联系之前，暂时成立广西临时军政委员会，即三南（南宁道、镇南道、田南道）革命委员会，并建立右江农民自卫军，统一领导右江地区的农民运动和武装斗争。

右江农民自卫军成立后，便对右江各县农民武装进行整编，下辖第一、第二、第三路军，韦拔群担任第一路军（东兰、凤山、凌云、百色农军）总指挥，下辖3个自卫团和1个独立大队，分别由牙苏民、黄大权、廖源芳、黄太尤担任各团指挥员和大队长。

8月初，韦拔群的老对手刘日福当上了新桂系第7军第5师师长。他立即命令该师黄明远营伙同地方反动武装出兵镇压韦拔群第一路军所属的东兰、凤山农军。

几天后，敌军黄明远营开进凤山、社更一带开始发起进攻。韦拔群事先已获得情报，他率领第三届农讲所学员在凤山一带做好了迎敌准备，同时令黄大权率领第二自卫团在凤山县城西南面的平乐阻击敌人，还派特务连、驳壳枪排到百色二都和三都一带活动，以袭扰敌人后方。战斗打响后，黄明远营犹如笼中之兽，进退受阻，每天不断消耗自己的有生力量而无任何进展，最后不得不给刘日福发电，请求派兵增援。

刘日福接到求救电文后，又派出第5师副师长朱维珍率龚寿仪团2000余人进攻东兰县城，并对农军实施分区“围剿”。

不久，敌军占领东兰县城及各圩镇。面对敌人的疯狂“围剿”，韦拔群把指挥部转移到西山平峒，根据敌情调整战斗部署，以游击战、伏击战、夜袭战等战术有效地打击和消灭敌人。

在韦拔群的统一指挥下，东兰、凤山、凌云等县农军灵活机动地主动出击，致使朱维珍的“围剿”接连失利，新桂系军阀又慌忙调兵遣将，命第4师林廷华团向东兰、凤山大举进攻。

11月初，林廷华团兵分三路进入东山“搜剿”农军。韦拔群正在东山弄美一带活动，得知敌军行动后，决定打一场漂亮的伏击战，狠狠地教训敌人。

韦拔群先派出一股农军到弄美阻敌，把敌人引入农军主力设置的埋伏圈。当林廷华团的一路敌人进军到弄美时，遭到农军阻击，双方展开激战。不一会儿，农军开始佯装败退，边撤边打，敌军以为农军不堪一击，便穷追猛打，根本未料到前方有陷阱。当敌军进入农军伏击地带时，韦拔群一声令下，地雷、土炮一阵齐鸣，炸得敌人血肉横飞，紧接着瑶族义勇队“万箭齐发”，农军手中的步枪、土枪和猎枪也一齐开火，敌人被打得溃不成军，纷纷败下阵来。敌人不甘心失败，随后又发动多次进攻，每次都被农军打得狼狈不堪，经过 11 个昼夜的鏖战，农军终将敌人击溃，缴获大批枪支弹药和军粮。林廷华团的“搜剿”计划破灭。

弄美战斗的胜利极大地鼓舞了农军，但韦拔群冷静分析了形势，清醒地认识到农军在武器装备和兵员数量上都不占优势，必须灵活运用各种游击战术，才能有效打击敌人。

为了更好地发挥游击战的威力，韦拔群对一些传统武器或战法作了改良，其中他发明的“毒竹签”更是刺得敌人胆战心惊。

1927 年初冬，在获悉敌军即将进攻西山的消息后，韦拔群立即布置妇女和童子团员削竹签，在敌人的必经之路上挖一些陷阱，陷阱里打上竹签，敌人一旦落入，非死即伤。就在童子团员削竹签时，有个小朋友不小心被黄蜂蜇了一下，这让韦拔群产生了在竹签头上涂蜂毒和蛇毒的设想，他叫人收集来蜂毒和蛇毒抹在削好的竹签头上。

有一次，来犯之敌大摇大摆地进入设伏的地段后，不断地有敌人掉入沿路设好的陷阱中，陷阱中的竹签刺得敌兵嗷嗷大叫，不一会儿工夫，毒液在敌人的身体里发作，不治身亡，死者甚多。从此之后，西山“毒竹签”的威名传遍国民党军营，敌军来犯时，个个变得格外谨慎小心。

“石头战”同样是农军较为常见的游击战术。韦拔群说：“西山到处是石头，利用好石头，随手就是武器。”他在多次实践中，发明了一种“石床阵”。他组织农家军在东山、中山、西山的所有隘口安装上石架，以藤为绳绑住，派人日夜守候。当发现敌人搜山进入隘口时，农军战士拉断或砍断藤绳，大大小小的石头滚滚而下，被击中者重则当场死亡，轻则头破血流或折臂断腿，吓得敌人草木皆兵，遇到隘口都不敢上前。

为了消灭农军，敌人不断改变进攻的办法，韦拔群也随之不断地调整对敌战术，主动出击，尽可能地消灭敌人有生力量。他把农军化整为零，组成精干的暴动队（也叫暗杀队），要求他们出没无常，飘忽不定，声东击西，潜入敌人的后方，以暗杀、伏击、夜袭等手段打击敌人，给敌营中的官兵造成极度的恐慌。

每当夜幕降临，按照韦拔群的指示，东兰各

支农军暴动队，不断派出小股农军夜袭扰敌，把朱为珍和龚寿仪一伙搞得焦头烂额、寝食不安、胆战心惊。当时在东兰、凤山一带流行着一首《农军游击队歌》，歌中唱道：

向前向前，逢山过山，合成大队伍，去打游击。攻红河，战右江，敌人不投降，消灭干净。

参与领导百色起义

1929 年 3 月，蒋桂战争爆发，新桂系全线败北，“围剿”右江农军的新桂系部队全部调走了。韦拔群决定将东兰革命委员会由西山转移回武篆。

7 月，国民党左派将领俞作柏、李明瑞分别担任广西省政府主席和广西编遣分区军事特派员，掌握广西全省的军政大权。俞、李二人原是国民党左派，认为共产党是一支可以借助的政治力量，愿与共产党合作，共同治理广西。

中共中央和中共广东省委决定利用这一时机，派出邓小平（化名邓斌）、张云逸、陈豪人等一大批领导干部，来到广西指导兵运和统战工作。

经过党组织积极筹备，8月中旬，广西省第一次农民代表大会在南宁召开。韦拔群化名“农友三”，秘密前往南宁参加会议，并向省委报告工作。在南宁期间，党组织为了加强东兰农家武装力量，由中共广西特委负责人雷经天介绍韦拔群与俞作柏见面。经过协商，俞作柏同意以成立“右江护商大队”的名义，拨发东兰、凤山地区农军一个营的武器装备。韦拔群激动不已，连夜挥笔疾书，抽调300余名农军青年战士分3路到南宁领枪。这批农军到达后，每人领到1支汉阳造的步枪和200多发子弹，并被编成3个连，在南宁进行短期军事训练。

同年9月10—14日，中共广西省第一次代表大会在南宁市郊津头村秘密召开。邓小平到会指导。会议通过了《广西党的政治任务决议案》等9个草案大纲，确定了武装推翻国民党反动统治、夺取政权、开展土地革命等任务。

正当广西革命形势恢复发展之时，广西的政局发生了急剧变化。国民党改组派头子汪精卫策动广东军阀张发奎反蒋，实现其夺取政权的目的。他们派人到南宁游说俞作柏、李明瑞共同反蒋。由于时机不成熟，加之蒋介石收买俞、李手下两个师长，倒戈行动进行不到10天就以失败告终。

面对风云突变的形势，邓小平当机立断，决定即刻举行兵变，把队伍拉到左右江地区，与韦拔群领导的农民运动相结合，建立农村根据地，开展武装斗争。10月13日，俞作柏、李明瑞随广西警备第五大队前往龙州。之后，中共中央派人护送俞作柏去了香港。李明瑞在共产党的影响下，毅然留下来参加革命工作。

14日晨，邓小平率领中共广西特委工作人员、地方干部等，指挥押运船只溯右江驶往百色。张云逸率领广西警备第四大队和教导大队等2000余人，沿右江从陆路掩护前进。军械船上装载着五六千支步枪和大量弹药，还有山炮、机枪和电台等。这些武器装备，是张云逸利用兼任南宁警备司令的职务之便，临走时把军械库打开，组织大批人员搬上船的。其中，一部分送往百色，一部分用来武装东兰、凤山、恩隆（今田东县）、奉议（今属田阳县）的农民自卫军，还有一些重要武器、军需物品等暂时转移到东兰和恩隆的七里山区保存起来。

10月下旬，韦拔群接到中共广西特委转移及运送军械的通知后，立即与黄举平等人开会研究部署，并组织农军战士和青年农民数百人到平马、田州、百色等地秘密接运武器装备。将武器运到武篆，集中存放在距武篆1公里的善学村坡先屯一个农民家的仓库里，由农军营的一个排负责看守。

接收武器的消息还是不胫而走，敌人知道后十分惊慌。县民团武装纠集200多人一齐出动，向坡先屯开来，企图抢夺这批武器弹药。韦拔群得到情报后，立即组织身边仅有的一个排的兵力前去阻拦。他让农军队长带领一个班的战士迅速到达村东边的峦坡山脚下，另一个班的战士在村西的小河边占领有利地形埋伏隐蔽下来，等候命令。韦拔群自己带领一个班的战士守在善学村桥头，正面迎击民团。

敌人迫不及待要抢夺武器，到了离村二三百米远的地方，敌指挥官就壮着胆子大声喊道：“农民军兄弟们，奉上级指示，我们今天来运那批武器，你们快把它们交出来，否则，我们就不客气啦！”

韦拔群听到后不露声色。敌指挥官自恃人多枪好，见没有任何反应，以为农军害怕而逃了，就命令队伍前进。反动民团耀武扬威地一齐向坡先屯冲去。

突然，响起嘹亮的冲锋号角声，紧接着，枪声就像鞭炮一样响了起来，雨点般的子弹向敌人飞去。冲啊！冲啊！喊声震地。

冲在前面的敌人一片片倒地，其余的被打得晕头转向。敌指挥官以为被大批农军包围，吓得胆战心惊，站着不敢前进了。看着前面的队伍乱成一团，哭爹叫娘，抱头鼠窜。敌指挥官立马举起手枪，声嘶力竭地大声喊道：“顶住，给我顶住！”话音刚落，就被突然飞来的子弹击中脑袋，一命呜呼。敌军顿时乱了阵脚，纷纷丢下枪支，逃之夭夭。农军乘胜追击，敌大部被消灭。

这一仗，前后仅用不到半个小时就结束了战

斗。当地群众无不称赞道:“拔哥真是智勇双全的将领啊!”

敌人妄图抢夺军械库的阴谋不但没有得逞，反而又给农军送来一批枪支，偷鸡不成反倒蚀把米。不久，韦拔群把军械库的枪械连同从敌人那里缴来的枪支、弹药分发给东兰、凤山各区农民自卫军，东兰农民军的武器装备得到较大的改善。之后，韦拔群把这些制造弹药的机器转运到武篆勉俄村筹建兵工厂。

邓小平与张云逸率部到达百色前后，韦拔群于10月底至11月初指挥农军1000多人相继攻占东兰和凤山等县城，使东兰、凤山一带与右江下游各县连成一片，成为中共组织完全控制的区域。随着右江地区革命形势迅速发展，武装力量不断壮大，起义的时机日渐成熟。

11月，根据中共广西省委指示精神，决定成立以邓小平为书记，张云逸、陈豪人、雷经天等为委员的广西前敌委员会，统一领导左右江地区军队和地方工作。之后，中共中央批准在左右江地区举行武装起义、创建红军和革命根据地的计划，并颁发了中国红军第 7 军番号。

12 月 11 日，广州起义两周年纪念大会在百色举行。当天清晨，百色山城红旗飘飘，初升的太阳把右江两岸照得红光满地，红河的河水在潺潺地欢唱，山城沉浸在一派振奋人心的革命气氛之中。上午 8 时许，在粤东会馆举行红 7 军成立大会。会上宣布张云逸任军长，邓小平任政治委员，陈豪人任政治部主任，下辖 3 个纵队。韦拔群率领的东兰、凤山一带的农民自卫队被编为第 3 纵队，韦拔群任纵队长。

上午 9 时，庆祝起义胜利的群众大会在百色城东门广场举行。韦拔群和张云逸、陈豪人等出席了大会。参加大会的红 7 军指战员们，个个穿着崭新的灰色军装，颈上系着一条红带子（识别带），全副武装、精神抖擞。除指战员外，到会的还有工人、农民、学生、街道居民等各界群众数千人，这是百色城有史以来从没有过的一次盛会。

随着嘹亮的歌声，一面鲜艳夺目的红旗徐徐升起，迎风招展，像团烈火在燃烧。旗面上绣着金黄色的斧头镰刀图案和“中国红军第七军”7 个大字，令人振奋。整个会场自始至终充满着庄严、团结、热烈、活跃的气氛。会后举行了全城大游行活动。雄赳赳、气昂昂的红 7 军指战员走在游行队伍的最前列。“红军万岁”“中国共产党万岁”“打倒蒋介石”等口号声响彻云霄。百色的居民，男女老少都涌上街头，看着这一壮观的场面，人们一直沉浸在无限激动的欢庆之中。

红 7 军和新生革命政权建立后，动员群众参加红军是一项较为紧迫的任务。韦拔群派出大批宣传人员下乡，积极号召广大群众和青年起来革命，踊跃参加红军。他曾亲自编唱了一首革命山歌《从军歌》，歌中这样唱道：

劳动群众快快醒，参加革命当红军，青年的同志，应将重任负一肩。个个练成铁石肩，不怕死，不贪钱，才算得真正革命。一切障碍要扫除，反动派都肃清，不负红军的威名，唱凯旋。

广大青年热烈响应韦拔群的号召，积极参加革命队伍。这样，不仅使得红 7 军第 3 纵队下辖

3 个营编制很快就满额，而且增设了机关枪连、迫击炮连、山炮连、警卫班、卫生队、后方医院、兵工厂，第 3 纵队的队伍不断壮大。

韦拔群还积极协助兄弟部队补充兵员。1929 年年底，刚到红 7 军直属教导大队任职的卢绍武奉命到东兰来招兵，一行 10 多人。来到东兰后，韦拔群等东兰军政领导亲切接待他们。在得知此行的目的后，韦拔群便对卢绍武建议说："你们可以到县劳动小学去招兵，那里都是儿童团骨干和穷苦人子弟，革命意志非常坚决。"他还特意叫来了县劳动小学校长，吩咐他尽力协助教导大队招兵事宜。尽管当时持有军长张云逸的亲笔介绍信，但是到韦拔群的家乡去招兵，卢绍武他们依然心存顾虑。韦拔群似乎看出了他们的担心，和蔼可亲地对大家说："我们培训穷苦人子弟就是为红军造就后备力量，你们招兵和我们招兵都是为了红 7 军，大家不要有什么顾虑，凡符合条件的都可招去。"韦拔群这种大公无私的宽广胸怀和事必躬亲的工作作风让大家都由衷地钦佩。

05 扎根右江革命根据地

智破龙岭寨

百色起义后，右江等地先后成立了苏维埃政府，雷经天任右江苏维埃政府主席，韦拔群、陈洪涛等任右江政府委员会委员。在苏维埃政府的领导下，右江苏区革命根据地得到进一步的巩固和发展，使当地的土豪、残匪、地主民团等反动势力极度恐惧和不安。他们仇视政府，仇视人民，多次袭扰红军，破坏农会。

面对这种情况，韦拔群率领第 3 纵队在红 7 军前委的领导下，与反动势力进行了坚决的斗争，右江地区的土豪劣绅、武装团伙大部被消灭，少部残匪逃入土匪头子韦义甫盘踞的龙岭寨内，仍在负隅顽抗，不时出来进行破坏活动。

龙岭寨位于四面都是悬崖峭壁的山峰上，只有一条羊肠小道可以上山，匪头韦义甫又在山口修起了石墙，筑起了碉堡，架着机关枪封锁着进山的道路，有着“一夫当关，万夫莫开”的绝对优势。韦拔群决定彻底铲除这股反动武装，拔掉这颗“毒钉”，为苏区创造和平的建设环境。

一天，韦拔群亲自率领熟悉攀岩登山的瑶族赤卫军前去攻寨。战斗打响后，敌人仗着地势险要疯狂地阻击，赤卫军打了一天一夜，也未攻下来。韦拔群站在一高处，把寨子内的火力点看得一清二楚。于是，他调第3纵队的一个迫击炮排前来火力支援。第二天拂晓，迫击炮排的战士按照韦拔群标注的位置，架起炮筒，对准山口和寨内目标连开十几炮，很快就把山口石墙炸垮，火力点被消灭。狡猾的韦义甫眼看自己老巢被炸，便使出一条奸计。

炮轰过后，寨内一片寂静。赤卫军战士们乘

势冲上山口，没有敌人还击。他们接着又一鼓作气地冲进了寨子，也没见着敌人的踪影，只见寨子的巷院里散乱地摆着很多桌子、板凳，桌子上摆满鸡鸭鱼肉，桌边的酒坛敞着口，香气扑鼻，让人垂涎欲滴。散乱的凳子让人一看就以为匪徒们正要开饭，不巧被攻入寨内的赤卫军赶跑了的样子。

看见这些酒肉，饥肠辘辘的赤卫军战士们纷纷坐到饭桌旁，准备享用敌人送上门来的大餐。这时，韦拔群正好进入寨内，见此情景，觉得不太对劲，一定是敌人设下的圈套，他连忙大喊："不要喝。"战士们停住手，疑惑地望着韦拔群。

韦拔群赶紧向大家解释说："这有可能是敌人的'醉酒计'。土匪头子韦义甫与咱们瑶族赤卫军多次交手，深知瑶民光着脚板能在石林刺丛里奔跑，碰到悬崖峭壁，能像壁虎一样攀登而上。只要有咱们瑶族赤卫军来攻，他这个小山寨必定守不住。不过韦义甫也知道瑶族人喜欢喝酒，所以设下这个计谋，让大家喝酒醉倒，然后再回来打击赤卫军。"

听了韦拔群这番话，战士们顿时如梦初醒，义愤填膺，激动地冲上去就要砸烂这些酒坛、酒碗。

韦拔群急忙阻拦道："莫砸！莫砸！留着有用。"

韦拔群决定将计就计，他安排一部分战士在房子里面埋伏，另一部分战士佯装喝醉趴在桌子上。不出所料，一顿饭工夫后，敌人又爬回后山顶向寨子喊话，看到没有动静，又派人到寨旁观察，远远看见不少赤卫军战士趴在桌上。匪徒们以为赤卫军中计了，便一窝蜂拥进寨子。

当敌人进入赤卫军的伏击圈后，韦拔群一声令下，埋伏的赤卫军战士一齐开火，趴在桌子上的赤卫军手持马刀，一跃而起，冲入敌群。敌人始料不及，没有来得及反抗就纷纷倒地。韦义甫见状不妙，拔腿就跑。韦拔群手疾眼快，抬手一枪，韦义甫应声倒地。龙岭寨这颗"毒钉"被铲除了，瑶族赤卫军大获全胜。

激战隆安城

1930 年 2 月 1 日，中共广西前委（红 7 军前委）又在广西左江地区发动龙州起义，成立了中国工农红军第8军。俞作豫任军长，邓小平兼任政委，宛旦平任参谋长，何世昌任政治部主任，李明瑞任红7军、红8军总指挥。当天，还成立了左江地区最高革命政权——左江革命委员会。随后，左江地区各县也先后建立革命政权。左江革命根据地诞生了。

这样，左右江革命根据地连接在一起，吓坏了广西的新桂系军。他们急忙从粤桂军阀混战的前线调回兵马，恶狠狠地向广西左右江革命根据地杀过来。

2月4日，桂系军阀派杨俊昌、覃兴、蒙志仁3个团和岑建英的第8独立营总共32个连的兵力，在师长李画新的指挥下进攻右江革命根据地的前哨隆安县。当时红7军仅有第1纵队1个营的兵力驻守隆安，加上刚成立不久的县赤卫队员，全部兵力不足500人，敌我力量悬殊。战斗打响后，守城官兵依托隆安城两面高山环绕的有利地形，奋起抗击，打退了敌人多次进攻，同时占领了城南的老寿山、牛眠岭一带高地，以防敌军反扑。

2月5日上午9时许，敌调整作战部署，杨俊昌团攻东门，蒙志仁团和岑建英营攻老寿山、牛眠岭等阵地。当时，坚守城南阵地的红军指战员们顽强反击、英勇作战，但敌众我寡，山头被敌人攻占，被迫退回山北坡防守。

这时，红7军、红8军总指挥李明瑞率部分援军赶到隆安。他立即指挥部队兵分两路，命令第1纵队第3营一路直插东门外，抵御中路来犯之敌，另一路猛攻老寿山、牛眠岭，终于夺回了失守的阵地。

见此形势，李画新急调覃兴团增援城南，向山头上的红军阵地猛烈攻击。无奈敌强我弱，红军不得不又后撤到北坡防守。

2月6日上午，战斗更为险恶。张云逸和韦拔群率所属部队赶到隆安。总指挥李明瑞命令韦拔群率第3纵队担负沿城河北岸的阻击任务。韦拔群接到命令后，发出洪钟般的号令："第3纵队的同志们，跟我来！"

到达城东门的高地后，韦拔群利用地形，隐蔽观察敌情，发现敌人正在攻城。为配合城内红军作战，他决定从左翼攻击敌人。一声令下，第3纵队的红军战士摆成一线式，像猛虎下山一般，冲上敌方阵地。这突如其来的神兵猛将，让敌人不知所措，慌忙逃跑。

2月7日凌晨，敌覃兴团凭借人多势众占领城西制高点——狮子岭，居高临下向驻守在虎头岭一带的红军射击，冲到城墙最前沿的红军伤亡很大，不得不从山顶步步后撤。

此时，李明瑞和张云逸命令韦拔群率第3纵队的后续部队增援。韦拔群迅速转移部队阻击敌人，减轻了兄弟部队的压力。但是，由于地势不利，加上敌人增兵，来势凶猛，终寡不敌众。为了保存实力，避免无谓牺牲，李明瑞与张云逸商量决定撤出战斗。

隆安战斗是红7军成立后的第一次大仗。对于第3纵队来说，是一次重要锻炼和考验。这支由壮、汉、瑶等民族青年组成的农军队伍，过去只打过游击，与地主豪绅民团武装较量过。此次战斗是纵队成立后第一次与正规军打阵地战、攻坚战。

2月27日，红7军军部率主力准备向右江根据地腹地东兰、凤山转移。当部队行至百色县亭泗地区时，由于该区农民赤卫军没有及时报告敌情，遭到敌蒙志仁团的伏击，伤亡较大，形势非常严峻。

韦拔群奉命派出侦察兵，察明敌人已经占领了公鸡山、定金坡等制高点。公鸡山、定金坡是通往东兰革命根据地的必经之路，只有夺回这两地，才能摆脱危险，变被动为主动。他对李明瑞和张云逸说："总指挥、军长，这一带地形我比较熟悉，就由我率队去夺回这俩高地吧！"

李明瑞点了点头，说道："好！拔群同志，敌人事先已有准备，你们要多加小心啊！我们组织炮火支援。"

张云逸接过话："我指挥第 2 纵队向公鸡山两侧的定金坡、巴色干渠之守敌发起佯攻，掩护你们。"

韦拔群带领第 3 纵队 2 个营向公鸡山发起进攻。在炮火的支援下，官兵们冒着敌人的枪林弹雨猛打猛冲，经过几番较量拿下了公鸡山的表面阵地。但没过多久，又被敌人反扑后重新占领。翌日清晨，韦拔群带领队伍再次进攻，并组成一支敢死队向上冲击。

在争夺公鸡山制高点的战斗中，韦拔群身先士卒，右手持枪、左手拿手榴弹，与战士一起冲锋陷阵。红军战士们英勇顽强，突破敌人的一道道防线，炸飞敌人的一个又一个暗堡，扑向山顶，奋力夺回了被敌人占领的制高点。经过两天激战，敌死伤400多人，红军也付出了沉重的代价。

傍晚时分，总指挥李明瑞发现前方又出现了一片黑压压的敌人，于是下令：“告诉前方，敌军的增援部队已到，不要硬拼，见机行事，掩护撤退。”

入夜，红军撤出战斗后，部队向东兰、凤山转移。敌人害怕深入西山根据地会遭到红军和赤卫军的伏击，不敢恋战，随即撤出战斗。

通过隆安、亭泗两战，红7军领导认识到，如果只是死守根据地，那只能越守越小，必须在巩固根据地的同时向外开辟新区。

3月上旬，红7军前委在凤山县盘阳圩举行会议，会议主要总结百色起义后一段时间战斗的经验教训，研究今后的行动方案。

为了摆脱被动局面，会议决定，由军长张云逸率第 1、第 2 纵队向敌人力量薄弱的黔桂边界南丹、河池一带山区开展游击战争；由韦拔群率第 3 纵队留守右江，帮助地方开展土地革命，保卫根据地。

烧地契办共耕

1930 年的广西，春天好似来得较以往更早，金灿灿的油菜花生机盎然，到处都是一片充满希望、生机勃勃的景象。

3 月底，在绵绵春雨中，邓小平从左江的龙州出发，秘密来到东兰。他一到武篆，便在魁星楼召集中共右江特委、第 3 纵队的领导干部雷经天、韦拔群、陈洪涛等人开会，传达中央指示，研究右江革命根据地建设，决定在右江开展土地革命，并以韦拔群的家乡东里屯作为“共耕”试点，另派韦拔群的胞弟韦菁到凤山县中亭乡做平分土地的试点工作。

邓小平向大家介绍了井冈山根据地土地革命的情况和经验，分析了办好共耕社的重要意义。

韦拔群听了邓小平的讲话，感到十分兴奋，不论是吃饭还是做事，他心里满是想着办社的事。当晚，他找雷经天讨论，然后又跟韦菁细细研究。夜深了，他毫无睡意，索性披了件衣衫走出房门，踏着皎洁的月光走了一会儿。他感到浑身轻松，不由自主地伸出双手挥了挥拳脚，挥着挥着，就耍起了好久没耍过的“南枝拳”来。

在旁边屋子里的邓小平一觉醒来，看到窗外明亮的月亮，也失去了睡意。于是起身走到窗前，看见淡淡的月光下，一个高大的汉子正在耍拳。只见他路数娴熟，一招一式，环环相扣，步步有声。

邓小平好奇地推开房门一看，竟然是韦拔群。他轻轻地走过去笑着说道：“拔群！想不到你还是个武林弟子呢！”

韦拔群收回拳脚手，歉意地说道：“我惊动你休息了吧！”

“不，不，我睡一觉也就够了。”邓小平说，“你什么时候学会的这一套拳法？”

“哦，这些年走南闯北，学了一点儿修炼身法。”

“好，今后我拜你为师。不把这一百来斤练得结实点，就难走我们的路呀！”

“对呀，看前面那重重叠叠的山和岭，没有一双铁脚板，难爬坡啰！”

两位年轻的领导人，从锻炼身体又联想到自己肩上的重担。他们边谈边回屋收拾行装，要在黎明前赶到东里屯。

对于东里屯，韦拔群实在太熟悉了。屯里有多少田块，有多少条路；哪家有几口人，哪家养几头猪，他闭着眼睛也能说得一清二楚。

到达东里屯后，邓小平和韦拔群一起访问群众，在土屋茅舍与大家促膝谈心。他们还到其他屯里实地考察，登门串户，走访群众。经过半个月的访贫问苦和宣传发动，东里屯和附近的群众都被动员起来了，每天都有群众找上门来向他们控诉地主的剥削和压迫。青年人也自动组织起来，监视地主劣绅的行动。群众经常三人一伙五人一堆兴致勃勃地议论着办共耕社的事儿。

韦拔群还把办共耕社编成了壮族山歌，在当地唱响开了：

东里田地共同耕，个个有份才平等。同种同收才温饱，共耕利益我百姓。过去穷人无田地，革命胜利才有份。东里田地共同耕，个个有份才平等。

韦拔群和邓小平看到人民群众的积极性如此高涨，他们便组织召开群众大会，正式宣布：没收东里屯三户地主劣绅的土地和财产，外面两户地主有在东里屯的土地，也全部没收。这些没收的财产被分给穷人，土地留给共耕社。此举得到广大贫苦农民的极大欢迎。

共耕社开始报名了，东里屯和附近三个自然村所有的穷人和苦主都报了名，只有一些富裕户还在观望。韦拔群家在当地是个富裕户，一些不怀好意的地主豪绅造谣说，他只管让别人入社，自己家怎么不入社？韦家有那么多田地敢不敢拿出来？这些言论使一些已经报了名的农户产生了动摇。

韦拔群召开家庭会议，动员家里及亲属亲戚带头入社，他说：“现在党号召我们开展土地革命，解决贫苦农民的土地要求，让他们更有革命的积极性，保卫根据地。我们是党的干部和红军战士，应该起带头作用，把家里的地契拿出来烧掉，把土地分给贫农，你们看怎么样？”

韦拔群的二弟韦菁立刻说：“我同意。以前我们家雇长工种田，应该反对。我主张拿出地契当着众人面前烧掉，让他们知道我们是真心实意的。不过……”韦菁有些担忧地继续说着，“地契都在母亲那里，现在让她拿出来烧掉，她乐意吗？”

韦拔群肯定地说：“母亲也不是那种不讲道理的人，她会想通的，让我跟她去说。”

母亲见韦拔群走进屋来，连忙抹去脸上的泪水，轻声说道：“拔儿，你们刚刚说的那些话我都听见了，为了闹革命，我把儿子都献出去了，还心疼这几张地契吗！你拿去吧，把它当着大家的

面烧了，把田地都分给大家种吧！”说罢，从枕头底下摸出钥匙，打开箱子取出所有的地契交给韦拔群。

邓小平得知此事，专门来到韦拔群家中看望他母亲，十分赞赏地说：“老妈妈，您做得好啊！我们红军干部、红军家属，只有事事处处都起到先锋模范作用，才可以得到民心，革命才能取得胜利。”

在韦拔群和红军干部带头下，要求入社的民众越来越多。大家纷纷找上门来：

“拔哥，我也入共耕社。”

“拔哥，把我的名字写上。”

那些被谣言鼓动退了社的老乡又找上门来，要求再次入社。短短几天时间，东里 120 户、570 多人全部入社，居住在西山的瑶族同胞也有参加东里共耕社的。

3 月 29 日，共耕社成立大会在东里屯举行。韦拔群和邓小平、雷经天、陈洪涛等出席。前来参会的除了东里屯的男女老少，还有西山弄常、弄岩、平峒的瑶族群众，共有 300 余人。

大会通过了共耕社章程，选举了共耕社社长。右江地区第一个共耕社在韦拔群的家乡诞生了。

东里屯共耕社按村划分为 7 个组，由组长领导生产。划分了耕作区，耕牛、农具统一调配使用，出工以吹牛角为号。农民们第一次成为土地的主人，积极性空前高涨。

这年东兰旱情严重，韦拔群亲自带领大家测量、修建引水渠道，共同战胜了旱灾，夺得了粮食大丰收。社员们从心底里感谢共产党和苏维埃政府。

一花引来万花开。同年 4—5 月，土地革命在东兰全面铺开。凤山、凌云以及右江沿岸的奉议、百色、隆安、恩隆等各县的土地革命也相继开展起来了。组织雇农工会，划分阶级成分，斗地主、分田地，一派轰轰烈烈的景象。

邓小平根据红 4 军在中央革命根据地实行土地革命的经验和东兰的初步实践，与韦拔群、雷经天、陈洪涛等一起研究制定了《土地法暂行条例》和《共耕条例》两个文件，使土地革命有章可循，有法可依。

1930 年 5 月，东兰县各区、乡苏维埃政府给农民群众签发了土地使用证，在中国几千年的历史上，广西第一次实现了“耕者有其田”的人类理想。

穷苦农民翻身作主人，生活得到了极大改善，他们用山歌表达了喜悦之情：

跟着共产党，翻身齐有份；不分老和少，人人有田耕。

田地都均分，吃穿也平衡；分田又分地，没有谁争论。

东兰、凤山的土地革命，由于时间长，又有邓小平和韦拔群等人的具体领导和帮助，进展十分顺利，广大农民革命积极性也空前高涨。他们为了保卫革命胜利果实，纷纷送自己的子女参加红军，使红 7 军的人数迅速发展壮大。

顾大局送师主力北上

1930 年 10 月，正当右江根据地土地革命全面开展、左右江根据地逐渐扩大之时，党内“左”倾主义领导者不顾眼前实际和客观条件，命令红 7 军离开左右江地区去攻打广州、柳州、桂林等大城市。

11 月，部队开始在河池整编，红 7 军改编为第 19、第 20、第 21 师 3 个师。韦拔群任第 21 师师长。

整编完成后，前委研究认为部队不能一走了之，根据地的工作应该继续坚持。考虑到右江革命根据地斗争的艰巨复杂性，认为有必要留下优秀的干部继续领导根据地军民进行艰苦的斗争，而对于这片土地的一草一木都了如指掌的只有韦拔群。他同人民群众的感情深厚、联系密切，并且有着丰富的武装斗争经验，即使在大革命失败后的白色恐怖时期，他领导的武装斗争也从来没有停止过。党组织决定把这一艰巨的任务交给韦拔群和他的第21师。

前委询问韦拔群的意愿，韦拔群表示坚决服从组织的安排。他说，北上和留在后方的目标是一致的，党组织让去哪里就去哪里。

这天夜里，邓小平和张云逸正在商讨部队北上的相关事宜，韦拔群走了进来，开门见山地说道："张军长、邓政委，我考虑把我的21师并入19师和20师吧。"

邓小平不解地问道："怎么，你也想一起北上，不愿意留下啦？"

韦拔群说："去留我都服从组织的安排。"

"那为什么要合并呢？"

韦拔群真诚地说道："红7军主力北上，任务艰巨，又远离根据地，补充兵员一定有困难。我考虑把21师的好枪、好马和最优秀的指战员交给北上部队。"

邓小平思考了一会儿，说："拔群同志，我们走后，根据地的斗争会很残酷，你的任务就更艰巨啊！”

韦拔群信心十足地说：“不怕，右江两岸有几百万各族兄弟，有人民在，我就不怕，人民就是最好的兵马！”

邓小平和张云逸站起身来，握着韦拔群的手：“拔群，你真是党的好干部！”

于是，韦拔群将第 21 师中的优秀干部和战士 2000 多人以及好枪、好马都拨给了北上的主力部队，他只留下 100 余名体弱多病的战士和一些残破的武器。

第 21 师中的战士们大部分是土生土长的当地人，他们对家乡有着深厚的感情，深深地留恋着这片哺育自己长大的土地、自己的父母兄妹，留恋着跟自己日夜作战的拔哥。这次要离开家乡跟随部队北上，很多战士情绪低落。

部队调整的前一天晚上，军长张云逸想和韦拔群商讨一下第 21 师战士们的行军动员。他来到第 21 师驻地司令部后，却不见韦拔群，就问通讯员：“你们韦师长到哪里去了？”

通讯员说：“他到部队战士们那里去啰！”

张云逸又问:“去做什么?”

通讯员答道:“有些战士闹思想情绪，舍不得离开家，舍不得拔哥。韦师长吃过晚饭就去给他们打通打通脑壳啰!”

这一刻，张云逸什么都明白了，他深深地被韦拔群崇高的思想觉悟、坚强的党性和自我牺牲精神折服。

初冬的晚风徐徐吹来，夜空里闪烁的星星，静静地俯视着地面，皎洁的月光笼罩着大地。从一间简陋的营房里，传来了韦拔群洪亮而坚定的说话声:

“谁都爱家乡，但是怎么爱呢?待在自己的家乡就是爱吗?不!只有打倒了反动派，天下太平了，家乡人民得到了翻身解放，得到了平等自由，才是真正的爱。我们是共产党领导的队伍，要无条件地执行党的决定。我们是工农红军，要无条件地为工农利益战斗。我们的目的是解放全人类，处处都是家乡。现在你们是胜利地离开家乡，将来你们就会胜利地返回家乡……”

“同志们!”韦拔群继续说道，“目前革命形势好得很。我们有党的直接领导，右江一带已经都是我们的了。我们的队伍更强大了，武器也多了，现在我们什么敌人都不怕！”

说着，韦拔群蹲下身子，伸手捡起一根小树枝，在地上简单画了一个地图，然后指着地图说：“这是湖南、湖北、安徽……还有河南、陕西都有我们党领导的队伍。你们说我们红军队伍大不大呀？”

“大！”大家齐声回答。

韦拔群看了看大家，指着地图上的一个小圈说：“你们看，这里是江西，毛泽东、朱德同志领导的红军主力就在这里。我们就是要打到江西去，和他们会合，一起战斗！”

韦拔群这种顾全革命大局利益，无条件服从组织分配，不畏艰险，勇挑重担的共产主义精神使战士们感动至极。

“拔哥，我想通了。”一个战士声音颤颤地说，“我们不能光顾自己翻身过好日子，还要去打垮一切反对派，让全中国的穷苦人都得解放。”

“拔哥，你放心吧，我们一定服从命令，跟随红 7 军英勇作战，不给家乡父老兄弟丢脸！”

“打到江西去，与红军主力会师！”

……

“好！你们安心出去打仗，我们在后方巩固革命根据地，等待你们胜利归来！”韦拔群朗声说道。

霎时间，驻地营房沸腾起来了，战士们群情振奋，斗志昂扬，决心冲破千难万险，向中央革命根据地挺进！

根据地的艰难岁月

红 7 军北上后，韦拔群回到东兰，面对敌人白色恐怖的严重威胁，他毫不惊慌，积极着手开展巩固根据地的工作。

1930 年 11 月 9 日，韦拔群在武篆的魁星楼召开扩军会议，会议决定将东兰、凤山、恩隆、奉议等各县的赤卫军常备营扩充到红 7 军第 21 师来。

12月，红21师又从分离后的100余人扩充到第61、第62、第63团共3个团2100多人的兵力，还在每个县另外建立了新的赤卫军常备营，在区、乡建立赤卫队。这些赤卫军和红21师配合，战时统一调动，平时就地坚持斗争，这样右江革命根据地又有了自己强大的武装力量。

1931年1月初，庆祝扩编后的红21师成立大会在恩隆县乙圩镇（今巴马）隆重召开。会上宣布前委任命，韦拔群为师长、陈洪涛为政治委员、黄明春为副师长，同时任命其他各团主要领导人。

2月，右江革命形势又紧张起来了。广西桂系军阀派第7军副军长廖磊（不久升为军长）率其部及武装民团，纠合黔军共1万多兵力，趁红7军主力北上之际，分别从东、西、北三面向东兰、凤山进犯，展开疯狂的“围剿”。

敌人采取的战略方针是四面包围，迫使红军进行决战，以便一举歼灭。

当时，在东兰、凤山境内的红军只有第61、第63团和师部直属部队不足2000人。

面对数倍于我的敌人，韦拔群和陈洪涛、黄

明春一起分析形势，研究对策，最后决定将师部及右江特委、右江苏维埃政府迁到东兰西山，将东兰县委和东兰县苏维埃政府迁到中山区弄英洞，领导军民进行长期斗争。

此举一下打破了廖磊之前的行动部署，他见“围剿”行动不奏效，又改为“分区搜剿”，还把“搜剿”的重点放在西山、中山和东山，达到分割“围攻”的目的。

韦拔群与陈洪涛等在西山召开紧急会议，韦拔群一边指着地图，一边说：“虽然敌军人多力强，但是其深入山区作战，人地生疏，缺乏后援，不能持久作战。而红军大多是土生土长的本地人，一山一石、一草一木都很熟悉，更有深厚的群众基础，不乏支援，是能够以己之长克敌之短，挫败敌人‘围攻’的。我们不能死守一城一地，而要坚壁清野，持久相待，保存实力。不要与敌军打大仗、硬仗，应以消灭敌军有生力量为目标。”

不久，敌人便展开了大举进攻。韦拔群则带领军民在东兰、凤山根据地与敌进行周旋，连续多次打破敌人的“搜剿”，守住了“三山”地区。

1931年3月20日，黔军与国民党凤山县县长兼民兵司令罗颂纲相互勾结，向凤山县城发起进攻。黔军占领凤城不久，便与桂军发生了内讧。原来，白崇禧曾允诺黔军到广西来“剿共”，各种军需品一切由桂军提供。

可是，黔军到了广西后，之前所提关于枪弹、军饷、医药等军用需求桂军都迟迟不予满足。黔军士气非常低落，对桂军产生抱怨、怀疑情绪，认为配合桂军打红军是“赔本生意”，态度十分消极，而桂军则指责因为黔军“畏敌怕死”，才故意克扣这些军需品。

韦拔群了解到桂黔两军人心不合，互相疑忌的情况后，觉得这正是以敌攻敌的极好机会。于是，他找陈洪涛等人商量，决定利用军阀间的矛盾，组织展开政治攻势，瓦解敌人。他们相继派出师部和各团红军政工人员潜入敌占区，张贴宣传标语：“红军只打广西军阀！”“黔军弟兄们不要为广西军阀白送命！”

韦拔群还指示第63团3营指导员黄伯尧等人，利用敌人间的矛盾，寻机制订以敌攻敌计划。

一次，黄伯尧模仿凌云县县长黄书亮的印信，伪造了一封给罗颂纲和百色区民团总指挥官岑建英的密函，内容是询问岑建英和罗颂纲他们二人何时执行廖磊关于收缴黔军枪械、逮捕黔军团长的密令，以便凌云县派民团配合行动。

黄伯尧将这封信放入竹杖交给赤卫队员陈桂生，告知他如何行事。

陈桂生遵照指示，化装成农民，手持竹杖、肩搭布袋向敌占区走去，路过黔军防地时遭敌盘查。他装出一副惊恐不安、支支吾吾的样子，趁敌不备，转身就向山林跑去，随身的竹杖和布袋也掉了下来。

敌兵一阵猛追，人没追到，只捡到他逃跑时丢下的竹杖和布袋，就拿去交给值班的营长杨三。杨三听完哨兵汇报后，检查布袋，里面只是一点干粮。他又命人将竹杖劈开，果然发现里面有一封密函。

杨三见信后，连忙转给黔军团长。团长本来就心存猜疑，见信后勃然大怒。当天晚上，他们率领全体黔军哗变，抓了岑建英，打死罗颂纲，缴了罗颂纲民团的枪械，又打垮了凤山县民团，随即向贵州撤退。

红军第63团乘机进攻凤山县城。廖磊知道黔军哗变并向贵州撤退的消息后，气急败坏，急忙派桂军1个营从东兰抄近路拦截，但没有成功。至此，红军解除了右江革命根据地北面之敌的包围。

韦拔群这出“以敌攻敌”的计谋，达到了离间敌人的目的，鼓舞了红军的斗志，在广大军民中一直传为佳话。经过5个多月艰苦卓绝的斗争，他领导东兰、凤山军民取得了第一次反“围剿”的胜利。

1931年8月初，中共广东省委特派员陈道生带着中央指示精神，从香港来到西山，传达了中央关于纠正“左”倾冒险主义错误、整顿红军和改组地方革命政权等重要指示。

红21师党委立即在西山召开紧急会议，根据上级指示，决定将红21师改为“中国工农红军独立第3师”，韦拔群任师长，陈洪涛任政委。会议分析了第一次反“围剿”后根据地的斗争形势，确定了下一步的工作方针、任务。

会后，在韦拔群、陈洪涛等人的领导下，右江军民加紧进行反“围剿”的准备。

韦拔群将独立师集中东山整顿训练，然后分兵数路，展开活动。一路由陈洪涛率领，渡过红水河，进到河池一带，一路进到黔桂边境的天峨，一路南下果德。韦拔群则率领师部直属营，留在西山。

这时，根据地的斗争形势越来越紧张。11 月中旬，桂系军阀联合粤军张发奎，集结了正规军 3 个团和各县民团共 7000 多人，再次对右江革命根据地进行残酷的“围剿”。

敌军采取“剥笋战术”，向根据地中心层层逼近。所到之处，凡有寨子，就采取烧光、杀光、抢光、铲光的“四光政策”，匪军甚至“挖地三尺”，将红军埋藏的大部分弹药、粮食挖了出来。

根据地的条件本来就很艰苦，一年内又遭受了敌人的两次“搜剿”，大部分村屯被烧光，到处都是一片凋敝的景象。敌人又对根据地进行了严密的封锁，切断了群众与红军的联系，并且设立了集中营，勒令群众居住。

在这样重重围困之下，根据地军民的生活极其困苦，靠着上山采野果和野菜度日，在最困难的时候，韦拔群一餐只吃了十几颗玉米粒。

虽然生活极度艰苦，但是韦拔群仍然保持着革命乐观精神，他经常鼓励同志们说："革命斗争是长期的、艰苦的，但革命前途光芒万丈！"

敌人进行"搜剿"时，韦拔群就带领红军避强攻弱，不打大仗硬仗，利用山区有利地形，灵活机动地和敌人周旋斗争。敌人找不到红军主力，也抓不到韦拔群，就加紧特务活动，利用各种关系，进行拉拢收买，并到处张贴悬赏缉拿韦拔群的布告，而且不断提高赏金"花红"的金额。

壮烈牺牲在西山

1932 年 8 月，桂系军阀白崇禧又调集 1 万多兵力，对东兰、凤山革命根据地发动第三次更大规模、更残酷的"围剿"。

白崇禧在南宁召开专门军政会议，制定了“军事、经济、政治同时并进”的围剿方针，在实施过程中，采取“缩网收鱼”的策略，步步为营，节节推进搜索。

为了断绝当地群众与根据地红军联系，阻止群众对红军的接济，就将西山的群众集中关押在指定垌场里，并且不让群众带一粒粮食和一根火柴上山，妄图把红军饿死、困死。

西山根据地的形势越来越严峻，为了保存革命力量，韦拔群把红军队伍全部分散，转入地下活动。可是，由于山高林深，万峰错杂，加上敌人严密封锁，不久，韦拔群与各个分散活动的部队都断绝了联系。陈洪涛几次抢渡红水河，以求解西山之围，都没能成功。

韦拔群十分焦急，把跟随自己的几个参谋和联络员都派出去打通与外界的联系。他带着警卫员罗日块钻深山老林，趴山沟睡山洞，草地为床，树叶作被，星星当灯。衣衫烂花了，一块补丁垫着一块；手脚划破了，一道横一道竖。饿了挖野菜充饥，渴了喝泉水解渴，累了困了就在岩洞里栖身。

这几个月里，派出去的联络员一个都没有回来……一天夜里，韦拔群辗转反侧，思索着革命的前途和命运。他起身来到岩洞外，望着天上那颗闪亮的北斗星，心中思念着自己那些身在险处的战友和亲人们。

这时，小罗出来把一件夹衣轻轻地披在韦拔群的身上，心疼地说："师长，一定要保重身体，千万别冻坏了。"

突然，洞口下面有声响，从藤缝里望下去，有一团黑影正在往上爬。

韦拔群警惕地拔出手枪，小罗也迅速地端起了枪。

"谁？"

"是我！我是蓝妈。"

原来，蓝妈妈冒着生命危险来给韦拔群和小罗送饭。她说："现在山下敌人盯得很紧，白天不便行动，就只好趁着夜色摸黑上山。"

韦拔群紧紧地握着老人家的手不放。此时，他们之间的母子情感，心中的千言万语，对于韦拔群来说都是莫大支持和鼓励。

“蓝妈妈，外面还有什么消息吗？”韦拔群急切地问。

“有……啊，没……啥……”蓝妈妈欲言又止，声音有些颤抖了。在韦拔群的再三追问下，她才说出了实情。

原来，韦拔群的次子韦述宗受领任务，前往香港向上级党组织汇报情况和请示工作。返回途中，遭到汉奸出卖被捕，在柳州被廖磊杀害。

儿子牺牲的噩耗让韦拔群悲痛得心肺欲裂，革命斗争就是这么残酷啊！他身边的最后一个亲骨肉也被敌人杀害了。自韦拔群投入轰轰烈烈的农民革命运动以来，在他的影响和引导下，一大家子人也跟着卷入了这一革命洪流。然而，国民党反动派妄图斩草除根，将他的十几口家人迫害致死。即便如此，韦拔群心中的革命意志从未动摇。他早就说过：“革命者要不怕难、不怕死，坚决为人民的利益牺牲自己的一切。”

此时，韦拔群不仅为亲生骨肉的遇难而悲痛，更叫他痛心疾首的是在目前严酷的斗争形势下，他长时间断绝了与上级党组织的联系，得不到党组织的指示，接下来到底该怎么办呢？他好似一尊铜雕铁铸的塑像一样伫立在洞口，透过竹丛仰望着高远的苍穹。

敌人知道韦拔群没有离开西山，仍在不断地搜索，像梳头一样，逐山逐洞梳来梳去。韦拔群的活动更困难了，只好整天隐蔽在一个山洞里。

蓝妈妈每天背着一个背篓，假装上山割草打柴的样子，连着十来天准时送饭送情报。

突然有一天，蓝妈妈没有消息了。韦拔群坐立不安，猜测她可能出事了。

正如韦拔群所判断的一样，敌人抓捕了送饭途中的蓝妈妈，并让她带路寻找韦拔群躲藏的山洞。蓝妈妈为了不暴露韦拔群的藏身之地，主动把敌人引开后，从山崖上跳下来，壮烈牺牲了。

韦拔群得知后，失声痛哭，他和小罗找到了蓝妈妈血肉模糊的遗体，用手和树枝刨了一个坟墓，一把土一把泪地把蓝妈妈埋葬了。韦拔群心中暗暗下定决心，不能让战友与亲人们的血白流，一定要将革命坚持到底。

敌人仍然紧紧盯着大小弄京，源源不断派兵，但还是没有发现韦拔群的踪迹。

白崇禧急了，10月初亲自来到东兰，多次召开训示会，要官兵们不惜任何代价去消灭红军，然而却毫无进展。

“围剿”没有达到预期的效果，于是敌人提高了抓捕韦拔群的悬赏，并且派出特务前往西山地区搜寻韦拔群。他们还使出了最毒辣的招数，下大本钱收买韦拔群的警卫队长韦昂。

韦昂原是韦拔群的族侄，家里本来就穷苦。在韦拔群的影响下，韦昂参加了革命。但这个家伙经受不住艰苦斗争的磨难和考验，不想一心一意干革命，总想暗中投降敌人，升官发财。

敌人找到韦昂小老婆的住处，秘密抓捕了她。她受不了酷刑，就答应引韦昂出来，劝说他借机杀害韦拔群。

韦昂的小老婆被放回家后，韦昂急忙赶来与她见面，结果被埋伏在那里的敌人抓获。

韦昂被捕后，敌人便利诱说：“只要把韦拔群的人头送到东兰县国民党指挥部武篆魁星楼，就送给你柳州的一栋洋楼，另外还可以得到几万块

‘花红’。”在厚利的诱惑下，韦昂最终成为历史的罪人。

10月18日，韦拔群带着罗日块到东里屯香刷洞韦昂的住处，准备跳出敌人的包围圈，到右江下游坚持革命斗争。

由于长期的饥饿、劳累和风寒的侵袭，韦拔群病倒了。他高烧不退，忽冷忽热，咳嗽不止，但依旧忍着病痛，吩咐罗日块出去找政委陈洪涛来会面，共同商量研究如何转移到右江下游坚持革命斗争问题。

“师长，你病成这个样子，我怎好离开你一步。”罗日块坐在韦拔群的床边，用手摸了摸韦拔群的额头。

“去吧，我这头疼脑热的小病不要紧。”韦拔群说。

“师长，你一个人，我不放心呀！”罗日块还在犹豫。

“这是命令！无论如何你都要完成这个任务！”

按照师长指示，罗日块到附近垌场把陈洪涛请到香刷洞来，韦拔群他们俩商量好第二天分头出山。临走前，陈洪涛还嘱咐韦拔群不要戴那顶牛皮红帽子，以保证安全。

当天下午 4 点多钟，韦昂背着一袋米、一包盐和一些连秆带叶的黄豆回来，假惺惺地说：“拔叔，我做点饭，你吃了好休息。”韦拔群点了点头，他只觉得全身酸软，口干舌燥。韦昂做好了晚饭，韦拔群忍着病痛，勉强吃了半碗饭，天还没黑就上床睡了，罗日块与他同睡一张床，同盖一条毯子，一人睡一头。

凌晨 3 点多钟，韦昂偷偷地摸到床头，想试探一下韦拔群是否睡着了，便轻声问：“拔叔，拔叔，你口渴了吧？”

韦拔群睁开眼睛，舔了下干燥的嘴唇说：“渴。”

“你好好躺吧，我到外面去舀点水来！”韦昂假意说完便慢慢地走出去了。

韦拔群艰难地举起手来，和以往一样，警惕地把子弹推上了驳壳手枪枪膛，然后放在枕头底下，不久就昏睡过去了。

韦昂提水走了进来，见到韦拔群已经睡着，他立即把装水的竹筒放下，走过去嗫嚅地叫道：

“拔叔，拔叔，你睡着了？”见韦拔群没有回答，韦昂又颤抖着摇了摇他，发现韦拔群确确实实睡熟了。韦昂轻轻地抽出韦拔群的驳壳手枪，但面对着韦拔群这个伟大的生命，他胆怯了，放下手枪，又拿起来，反反复复好几次。

最终，利欲熏心的韦昂还是举起了驳壳手枪，对准韦拔群的头部连开几枪，罗日块被枪声惊醒，以为是被敌人包围了，起身一看，是叛徒韦昂下毒手把自己敬爱的师长杀害了。

韦拔群为革命流尽了最后一滴血，实践了自己“在红军，任赤军，都是救人民而奋斗；你先死，我后死，大家为革命而牺牲”的誓言。韦昂杀害韦拔群后，割下了他的头颅，然后拿到武篆向敌人报功请赏。国民党反动派把他的头颅放在一个玻璃金鱼缸内，用防腐药水泡着，然后相继拿到东兰、百色、南宁、柳州、梧州等地“示众”，用以打击当地群众的革命热情。

然而，韦拔群的牺牲没有动摇右江大地红军独立师指战员和广大各族人民的革命热情与抗争决心。他们听到噩耗，都感到痛心无比，撕心裂肺，发誓血债要用血来还！

10月19日，陈洪涛知道韦拔群遇难的噩耗，在西山举行追悼会，写下《悼拔群》诗：“誓斩叛徒之首，一颗颗祭上你灵台！”同月，黄举平在凌云县平乐区赖亭游击山区召集党员和游击队员开会，痛悼韦拔群烈士，誓死要为师长报仇。

东兰西山革命游击队经过长期侦察，最后在河池至长老的金洞路上伏击处决了叛徒韦昂。

韦拔群壮烈牺牲后，革命人民时时刻刻怀念着他。敌人撤走后，东里屯的群众就到香刷洞，把他的遗骨拾回来，葬在东里屯背后的特牙山上。

为了避免敌人知情后把遗骨抢去，群众在坟墓上盖了一座小庙，名为“红神庙”。里面摆设香炉，挂着红布，每逢初一、十五，人们都到庙里上香祭拜，以此来悼念自己的革命领袖。

许许多多会编山歌的群众，把韦拔群的事迹编成山歌传唱。有一首是这样的：

东兰山高千万重，革命红旗满山红。

带头扛枪打白匪，要数拔哥最英雄。

在韦拔群牺牲后的艰难岁月里，西山的革命烈火熊熊燃烧，革命红旗始终不倒。右江人民踏着先烈们的血迹，沿着党所指引的方向，在敌人白色恐怖的艰苦环境中，坚持右江革命根据地的斗争。

1949 年 11—12 月，右江革命武装配合南下的解放大军，消灭了反动派，解放了这片壮丽富饶的土地。韦拔群同志毕生追求的伟大理想终于实现了。

06 尾声

韦拔群不幸牺牲后，他的头颅被国民党反动派在梧州大较场“示众”3天后便不知去向。

为了寻找韦拔群同志的遗首下落，1950年，中共广西省委和省人民政府，曾多次指示有关部门进行深入调查。梧州市文化局组织人力，进行了广泛的宣传和仔细查访工作。

经过各方10多年的努力，于1961年12月13日，在梧州市中山公园明秀园找到了韦拔群遗首埋葬的地方。烈士的英灵终于得到了安息。

韦拔群同志抛头颅、洒热血，冲锋陷阵、英勇奋斗，开创了惊天地、泣鬼神的丰功伟绩。党和人民对韦拔群的革命精神、高贵品质和优良作风给予了高度的赞扬。毛泽东、周恩来、邓小平等党和国家领导人，一直对韦拔群念念不忘。

早在1934年1月22日至2月1日，中华苏维埃共和国第二次全国代表大会在江西瑞金召开。毛泽东主席在会上提议为韦拔群等牺牲的同志致哀，并在《红星》刊物上刊登纪念文章。

中华人民共和国成立后，毛泽东主席几乎每次见到广西人，都会深切地谈起韦拔群烈士。他曾回忆说："韦拔群是个好同志，我过去搞农运，有些东西还是从韦拔群那里学来的。""东兰出了个韦拔群，群众对他很爱戴，可惜他牺牲了。"并称赞韦拔群是"广州农讲所最好的学生""壮族人民的好儿子，农民的好领袖，党的好干部"。

周恩来也曾说："……像赣东北的方志敏、海陆丰的彭湃、广西的韦拔群一样，是值得纪念的。"

作为红7军和右江革命根据地卓越领导人的邓小平，对韦拔群更是深切怀念。1962年12月，在纪念韦拔群牺牲30周年之际，邓小平满怀深情写下了长篇题词：

韦拔群同志以他的一生献给了党和人民的解放事业，最后献出了他的生命。

他在对敌斗争中，始终是英勇顽强、百折不挠的。他不愧是无产阶级和劳动人民的英雄。

他最善于联系群众，关心群众的疾苦，对人民解放事业，具有无限忠心的崇高感情。他不愧是名副其实的人民群众的领袖。

他一贯谨守党所分配给他的工作岗位，准确地执行党的方针和政策，严格地遵守党的纪律。他不愧是一个模范的共产党员。

韦拔群同志永远活在我们的心中，他永远是我们和我们的子孙后代学习的榜样，我们永远纪念他！

这一题词的字里行间，饱含着对韦拔群烈士的崇高赞誉之情，也是对韦拔群烈士光辉一生最全面、最中肯的评价。

除了毛泽东、周恩来、邓小平等领袖的评价外，与韦拔群一起领导百色起义的开国大将张云逸在1962年3月8日写的《学习韦拔群同志》一文，对韦拔群同志革命的一生作了高度概括：

韦拔群同志是中国共产党的优秀党员，壮族人民卓越的革命战士，是中国工农红军第七军和广西右江苏维埃政权的领导者之一，他在长期与敌人斗争中，对党的事业无限忠诚，对劳动人民无限热爱，英勇顽强，艰苦朴素，不怕困难，为党为人民洒尽最后的一滴血，表现了共产党员的高贵品质。

韦拔群，这位在新民主主义革命时期叱咤风云的革命将领，用生命和鲜血谱写了民族民主革命的壮丽篇章。他坚强的革命意志永远是我们共产党人、革命军人、各族人民学习的好榜样。

为了纪念韦拔群同志，新中国成立后，1951年，东兰县人民政府将他的遗骸从东里村特牙山“红神庙”迁移到县城安葬，后于1957年再迁葬到东兰烈士陵园。

新中国成立初期，东兰县人民政府在韦拔群原来的宅基上按原样重建居室，并在此处设立了“拔群小学”。1986年，自治区民委拨款在东里村会往屯另建“拔群小学”。1987年秋，学校从旧居中迁出。1988 年，东兰县人民政府拨款重新修缮韦拔群烈士故居。

1981 年 12 月，广西各族人民为缅怀红 7 军、红 8 军的革命先烈，在南宁的南湖公园里，建立了一座雄伟的李明瑞和韦拔群烈士纪念碑。1984 年 11 月，为纪念百色起义 55 周年，建成开放了李明瑞、韦拔群等革命烈士纪念馆。纪念馆先后被命名为“自治区爱国主义教育基地”“全国民族团结进步教育基地”。

1999 年，韦拔群烈士纪念馆在广西梧州中山公园内开馆揭幕。该纪念馆后更名为韦拔群烈士事迹陈列馆，增设了韦拔群烈士塑像，于 2022 年 7 月 23 日对外开放。

2009 年，东兰县修建了雄伟庄严的韦拔群纪念馆和拔群广场，以此缅怀先烈的不朽功绩，弘扬先烈的革命精神。为庆祝中华人民共和国成立 60 周年，中宣部等 11 个部门联合组织开展评选“100 位为新中国成立作出突出贡献的英雄模范人物和 100 位新中国成立以来感动中国人物”活动，韦拔群入选“100 位为新中国成立作出突出贡献的英雄模范人物”。

2017 年 4 月 21 日，习近平总书记在广西考察工作时的讲话中指出，广西是革命老区，邓小平、张运逸、韦拔群等老一辈革命家在这块红色土地上领导了百色起义和龙州起义，建立了左右江革命根据地。

韦拔群，这位名扬华夏的农民运动领袖，不屈不挠的人民英雄，为党为国牺牲的人民军队杰出将领。他创造了惊天动地、可歌可泣的英雄事迹，给我们留下永垂不朽的光荣榜样，值得我们永远敬仰和怀念。

后　记

“右江江水长又长，百色红旗永闪光。赤胆忠心党事业，断头留下伟名扬。”这首当地流传的山歌赞颂了韦拔群革命的一生、战斗的一生、英雄的一生、光辉的一生。韦拔群离开我们已有 90 多个年头了，英雄容貌的照片也未留下来，但是他的革命形象已经永远沉淀在中国人民的心中。从曾与他一起并肩战斗过的战友追思文章中，从其牺牲之后东兰人民的回忆中，从文学家的作品中，从历史档案文献中，从当地流传至今的山歌中，处处真切感知他的存在，铭记他的英名。韦拔群的英雄精神是永恒的！我们更加怀念他，敬仰他！

为了写好韦拔群的故事，笔者收集、阅读了有关他的文献史料、书籍文章等内容，实地考察了他生前活动的遗迹、旧址以及当地的纪念馆、博物馆等，以期能更深入走进那段波澜壮阔的革命年代，真切感受到韦拔群胸怀革命理想、立志匡扶社稷的政治气魄，追求革命真理、保持昂扬斗志的英雄气概，不畏艰难险阻、敢于牺牲奉献的崇高品质，留下了宝贵的历史贡献和精神财富，值得我们后人好好地深入挖掘他的光辉事迹和精神风貌。

本书是在前人研究成果和充分尊重史实的基础上，从韦拔群富有传奇色彩的光辉战斗的一生中，遴选了最典型最有代表性的英雄事迹，结合中国革命发展历程和英雄烈士的人生经历编写完成。力求用生动感人的英雄故事，向读者传递英烈一生对党忠诚、追求真理、顾全大局、无私奉献的伟大革命精神。在编写过程中，得到了军事科学院军队政治工作研究院领导和机关的大力支持，康月田、岳思平、李博、徐占权等多位专家学者进行了审读，提出了宝贵的意见。

主要参考的资料有《韦拔群评传》（黄现璠、甘文杰、甘文豪著 / 广西师范大学出版社）、《韦拔群传》（黎国轴、严永通著 / 广西师范大学出版社）、《韦拔群》（蓝汉东、蓝启渲著／中国青年出版社）、《东兰革命根据地》（中共东兰县委党史办公室编）、《韦拔群、陈洪涛史料专辑》（中共广西壮族自治区委员会党史研究室编）、《韦拔群精神论》（中共河池市委员会、河池市人民政府编／解放军出版社）、《中国早期农民运动领袖——韦拔群》（中共东兰县委党史研究室编）。

在此，谨向关心和帮助本书写作的各位领导、专家学者，以及上述书刊作者、编辑致以最诚挚的谢意！

图书在版编目（CIP）数据

韦拔群 / 军事科学院解放军党史军史研究中心编. 北京：学习出版社，2025.6. -- （中华先烈人物故事汇）. -- ISBN 978-7-5147-1359-6

Ⅰ. K825.2

中国国家版本馆CIP数据核字第2025MB8265号

韦拔群

WEI BAQUN

军事科学院解放军党史军史研究中心

责任编辑：阮彩艳　彭绍骏　封面绘画：刘书移
技术编辑：贾　茹　　　　　内文插图：韩新维
美术编辑：杨　洪　　　　　装帧设计：壹读闻话

出版发行：学习出版社
北京市东城区崇外大街11号新成文化大厦B座11层（100062）
010-66063020　010-66061634　010-66061646
网　　址：http://www.xuexiph.cn
经　　销：新华书店
印　　刷：北京联兴盛业印刷股份有限公司

开　　本：787毫米×1092毫米　1/32
印　　张：5.75
字　　数：75千字
版次印次：2025年6月第1版　2025年6月第1次印刷

书　　号：ISBN 978-7-5147-1359-6
定　　价：25.00元

如有印装错误请与本社联系调换，电话：010-66064915